ESPÍRITO E MATÉRIA
*Diálogos Filosóficos sobre
as Causas Primeiras*

COSME MASSI

DICA

Você pode otimizar o estudo
deste livro em conjunto com
"*O Livro dos Espíritos*" de Allan Kardec.
Caso não possua esta obra fundamental,
você pode acessá-la online e
gratuitamente na **KARDECPEDIA**.

www.kardecpedia.com

DIREÇÃO E PRODUÇÃO EDITORIAL: Lilian Ramos Massi
PREPARAÇÃO DE TEXTO: Cosme Massi e KARDEC Books
CAPA: Lilian Ramos Massi e Priscylla Soares Nunes
PROJETO GRÁFICO E DIAGRAMAÇÃO: Priscylla Soares Nunes
REVISÃO: Gilberto Allievi e KARDEC Books

ÍNDICE PARA CATÁLOGO SISTEMÁTICO

Massi, Cosme
  Espírito e Matéria. Diálogos Filosóficos sobre as Causas Primeiras – 4ª Edição / Cosme Massi.
  Curitiba : KARDEC Books, 2020
  192 p.

1. Brasil: Espiritismo. Espiritualismo. Religião. Ciências da Alma. Filosofia. Filosofia Espírita. Allan Kardec. Ciência. Metafísica.

Os Espíritos e os Homens
COPYRIGHT © 2020 BY KARDEC Books
Todos os direitos reservados.
www.kardecbooks.com

À amizade,
O que seria do homem sem os verdadeiros amigos?
E à minha esposa, Lilian Massi.
Presentes de Deus.

NOTA

É com alegria que apresentamos o novo livro de nosso autor Cosme Massi. Especialmente para espíritas, mas tanto quanto elucidativo para materialistas e espiritualistas, o texto explica princípios importantes da obra de Kardec, com ideias criativas e poucas citações de terceiros, sendo mais uma entrega de vanguarda da Nobiltà.

Escrito em diálogos, estilo agradável e estimulante aos leitores, temas profundos da filosofia são tratados em um fim de semana de amizade entre quatro personagens: Renê (estudioso de Kardec), Max (materialista cético), Ana (jornalista humanista) e Paulo (espírita convicto), que produzem cinco diálogos sobre questões filosóficas, ainda atuais.

Temas como materialismo, Espiritismo, espiritualismo e dogmatismo; discussões sobre mente, cérebro, verdade, certeza, causalidade e fatalidade; reflexões sobre Deus, espírito, perispírito, corpo material, inteligência, pensamento e ideias, formam os principais assuntos dos diálogos. Os personagens navegam também, com leveza e profundidade, nos conceitos de liberdade, livre-arbítrio, lei da não-retrogradação da alma, fluidos, Universo, infinito, desejo, vontade e virtudes.

Ao fim, esperamos que você domine as ideias e princípios fundamentais do Espiritismo para a compreensão das causas primeiras de todas as coisas. Deus, espírito e matéria.

Um livro para quem deseja ser cada dia melhor.

Junte-se aos amigos (personagens) nesse fim de semana na Estância do Pensar!

A EDITORA

SUMÁRIO

11   *Primeiro Diálogo*

43   *Segundo Diálogo*

99   *Terceiro Diálogo*

125   *Quarto Diálogo*

153   *Quinto Diálogo*

PRIMEIRO
diálogo

1

PRIMEIRO DIÁLOGO

RENÊ

Q ue dia lindo! Bela manhã de sol, comentei com um funcionário da Estância onde estamos hospedados. Os nossos convidados já chegaram?

— Sim. Já estão acomodados e aguardam o senhor no restaurante.

O dia estava lindo, naquele lugar encantador. Rodeado de árvores e flores da primavera o nosso encontro não podia acontecer em local mais propício. O nome da estância era, por si mesmo, provocador de reflexões filosóficas: *Estância do Pensar.*

Os quartos homenageavam alguns importantes nomes das ciências e da filosofia. Eu estava acomodado no quarto de nome Sócrates. Outros três quartos tinham os nomes de *Marie Curie, Descartes e Pestalozzi,* onde estavam hospedados os nossos convidados para um diálogo em torno da filosofia e, em particular, da filosofia espírita.

Li acima das portas dos quartos os nomes desses grandes homens e fiquei pensando na importância deles para o progresso da Humanidade.

ESPÍRITO E MATÉRIA

Sócrates (469-399 a.C), filósofo grego, de Atenas, é considerado um dos fundadores da filosofia ocidental. Seus pensamentos chegaram até nós por intermédio, principalmente, dos relatos de dois de seus alunos famosos, Platão e Xenofonte.

Marie Curie (1867-1934) foi laureada duas vezes com o Prêmio Nobel, Física (1903) e Química (1911), pelas suas descobertas na área da radioatividade e dos elementos químicos *rádio e polônio*. De naturalidade polonesa, estudou e trabalhou em Paris, morrendo de leucemia na França em 1934.

René Descartes (1596-1650), filósofo, físico e matemático francês, é um dos pensadores mais influentes da história do pensamento ocidental. Por vezes chamado de fundador da filosofia e matemática modernas. Pode-se discordar dele, mas não se deve deixar de estudá-lo.

Johann Heinrich Pestalozzi (1746-1827) pedagogo e educador suíço, um dos pioneiros da pedagogia moderna. Fundador da escola no *Castelo de Yverdon*, em *Yverdon-les-Bains*, na Suíça, onde estudou Allan Kardec.

Motivado por essas lembranças, elevei o pensamento a Deus, agradecendo a oportunidade de estudar as obras desses grandes homens, e, ao mesmo tempo, solicitei em silêncio a inspiração para o nosso encontro de hoje.

Ao chegar no restaurante, lá estavam os nossos convidados: Ana, Paulo e Max. Cumprimentei a todos e tomamos juntos o nosso saboroso café da manhã.

Saímos do restaurante e nos dirigimos para a sala destinada às atividades.

Podemos, então, começar?

PRIMEIRO DIÁLOGO

— Sim, estamos prontos, responderam todos.

Proponho que, inicialmente, façamos nossa apresentação formal, uma vez que vocês só se conheceram hoje.

Vou começar falando um pouco de mim.

Como vocês já sabem, meu nome é **Renê**. Sou formado em física. Fiz pós-graduação em Lógica e Filosofia e atuei como professor universitário. Atualmente me dedico, principalmente, a estudar as obras do notável pensador e educador francês, Allan Kardec, principal autor a ser discutido nesses nossos encontros. Quero agradecer de coração a vocês pela oportunidade desse diálogo. Obrigado por terem aceitado o meu convite.

Ana, como você é a única mulher do grupo, poderia continuar?

ANA

Obrigada pela oportunidade e que lindo local. Nossa! Não imaginei que seria num lugar tão encantador, com a natureza nos convidando ao silêncio e à meditação.

Bem, sou jornalista e adoro estudar filosofia. Iniciante nos estudos da filosofia espírita, estou bastante motivada para aprender e perguntar bastante. Não é à toa que fiz jornalismo, sou muito curiosa e adoro fazer perguntas. Sou mãe de uma filha que estuda comunicação na universidade. Nenhuma influência da mãe, é claro.... Temos uma grande diferença, eu falo e pergunto bastante, minha filha é de falar pouco. É uma prova a mais do livre-arbítrio humano, não acham?

PAULO

Sabe que não notamos isso no café da manhã... Você parecia tão quietinha!!! Brincadeiras à parte, vai ser muito proveitoso termos uma jornalista presente.

RENÊ

Já que você começou a falar, Paulo, continue com a sua apresentação pessoal.

PAULO

Sou formado em Pedagogia e venho de família espírita. Conheço o Espiritismo por frequentar reuniões em Grupos Espíritas e pela leitura, principalmente, de obras mediúnicas. Já li as cinco obras principais de Allan Kardec. Aquelas que normalmente são as mais conhecidas. Procuro me manter atualizado dentro da literatura mediúnica brasileira.

MAX

É bom falar por último, assim podemos aproveitar do que já foi dito. Concordo com a Ana, esse lugar é muito bonito. A natureza, bem como a verdade, nos convidam ao silêncio.

Sou filósofo de formação e de profissão. Sou materialista e, por isso, ateu convicto. Aceitei o convite como oportunidade para o diálogo e a discussão filosófica. Não sou dogmático, nem agnóstico, sou cético. Não conheço a obra de Kardec, mas aprendi a respeitá-lo pelos amigos espíritas que tenho.

ANA

Espera aí, fiquei aturdida. São termos filosóficos demais para o início de uma conversa. Pode me esclarecer?

MAX

Desculpe-me, Ana, é o hábito de filósofo. Sou materialista no sentido filosófico, isto é, adoto o ponto de vista de que tudo é matéria ou propriedade da matéria. Assim, para um materialista não existe nenhum ser espiritual autônomo, nem Deus, nem alma imaterial, por isso sou também ateu. Ser ateu é ser sem deus *(á-theos)*. Não acreditar em nenhum deus ou acreditar na inexistência de todos.

De outro lado, o agnóstico não toma posição sobre Deus. Se Deus existe ou se não existe, o agnóstico não toma partido. O agnóstico não admite soluções para os problemas metafísicos e religiosos. Sua atitude é caracterizada pela recusa de professar qualquer opinião sobre tais problemas. Diferente do ateu, ele não afirma nada sobre Deus. O ateu acredita que Deus não existe, o agnóstico deixa a questão em aberto.

Mas, não sou dogmático. Afirmo que Deus não existe, mas não tenho certeza. O dogmático é aquele que afirma a existência de conhecimentos certos. Acredita em dogmas como verdades absolutas ou certezas. Uma certeza é um pensamento ou um argumento de que não se pode duvidar. Para o cético, de tudo se pode duvidar. O ceticismo é o oposto do dogmatismo. O cético procura a verdade, mas nunca está certo de a ter encontrado ou que seja possível encontrá-la. Sua busca da verdade é permanente.

ANA

Pelo que você acabou de explicar, posso concluir que todo materialista é ateu?

MAX

Não necessariamente. Um materialista pode acreditar num deus, mas num deus que seja a matéria. Como fazem alguns panteístas que acreditam que a totalidade da matéria, ou o Universo, é deus. O que parece ser o caso do grande filósofo Espinosa.

PAULO

Então, você não acredita no espírito, na existência do pensamento ou do mundo mental?

MAX

Calma lá! Não foi isso que eu disse. O materialismo é antes de tudo uma doutrina sobre o espírito. Considera o espírito como um efeito da matéria. Não como uma realidade independente da matéria, mas como uma propriedade dela. É um monismo físico. Somos um corpo que pensa. Eu penso, logo eu existo como um corpo que pensa. Só há uma realidade: a matéria e suas propriedades. O pensamento ou o mundo mental do homem, como uma propriedade da matéria, é o que chamamos de *espírito,* no singular. O espírito não é uma hipótese, nem um puro nada, já que pensamos e disso temos consciência. Ele não é uma substância, não existe por si mesmo. A substância é o corpo, o espírito uma propriedade, um efeito. Assim, o espírito seria o mesmo que o pensamento.

ANA

Deixa eu voltar um pouco no seu pensamento, Max. Se nada é certo, significa que nada é verdadeiro e assim não é verdade, por exemplo, que estamos aqui e agora discutindo

PRIMEIRO DIÁLOGO

tudo isso? Isso não seria defender o pensamento de que tudo é falso? Ou de que todos os pensamentos se equivalem? Sendo assim, para que continuar discutindo e filosofando? Embora, devo admitir, seja muito prazerosa uma boa discussão!

MAX

Não é bem assim. Isso seria confundir certeza com verdade, ou confundir verdade com conhecimento. Podemos aceitar como verdade que estamos aqui e agora discutindo neste belo lugar. Esse conhecimento pode ser verdadeiro, mas não temos certeza de que o seja. Ele também pode ser falso, mas isso também não é certo. Pode ser que estejamos apenas sonhando que estamos tendo essa conversa.

Que todo conhecimento seja duvidoso, não significa que nenhum conhecimento seja verdadeiro ou que não há verdade alguma. Duvidar de todo ou qualquer conhecimento não é a mesma coisa que afirmar que todo conhecimento é falso.

Por outro lado, afirmar que nada é verdadeiro é contraditório. Se nada é verdadeiro, não é verdade que nada é verdadeiro e assim esta própria afirmação não pode ser aceita. Se recusarmos que haja verdade, tal recusa não pode nem mesmo ser enunciada como uma pretensa verdade. Tal ponto de vista, por ser contraditório, impede qualquer forma de discussão ou de conhecimento. A contradição não ocorrerá mais se dissermos apenas que nada é certo. Por isso a importância de se fazer a distinção entre verdade e certeza.

PAULO

Ufa! Vejamos se entendi. Espero não estar tendo um pesadelo.

A verdade existe, mesmo que não possamos conhecê-la de forma completa. Do fato de que nada é certo não se pode concluir que tudo é falso. Ao afirmar que tudo é duvidoso não posso concluir que nada é verdadeiro.

Todo conhecimento tem por objeto a verdade. Parece que só podemos falar em conhecimento pela parcela, sempre incompleta, de verdade que contém. Assim, podemos dizer que há conhecimento na proposição que expressa que estamos aqui e agora conversando sobre filosofia. Há conhecimento, embora relativo e incompleto, há verdade, mas não há certeza.

MAX

Você compreendeu muito bem. Só a verdade permite fazer a distinção entre um conhecimento e uma ignorância, entre uma alucinação e uma percepção. Assim, podemos dizer que a verdade é o objeto visado pelo conhecimento. Mesmo que a verdade nunca seja conhecida, mesmo ainda que seja impossível conhecê-la, sem a noção de verdade todas as afirmações seriam equivalentes e não valeriam nada. Não haveria nem ciência, nem filosofia, pois todos os discursos se equivaleriam.

Simplificadamente, podemos dizer que *a verdade é o que é*; o conhecimento, *o que pensamos que é*. Todo conhecimento é uma certa relação de adequação entre o sujeito que conhece (ou o seu pensamento) e o objeto que se pretende conhecer. Ele supõe certo ponto de vista, certos instrumentos, certas ferramentas e recursos. Conhecimento incompleto, relativo e limitado, que seja, mas não deixa de ser conhecimento.

Você não está tendo um pesadelo. Podemos aceitar como verdadeiro que estamos aqui e agora conversando sobre filosofia. Essa afirmação só é conhecimento pela parcela de verdade que expressa. Este pensamento de que estamos aqui e agora nesta sala é conhecimento pelo fato de estarmos aqui e agora nesta sala. Mas, não podemos afirmar isso com certeza, já que disso também podemos duvidar.

Quem sabe se não estamos todos sonhando e cada um de nós tendo o seu pesadelo!

RENÊ

Puxa! E só estávamos na nossa apresentação formal. Parece que nossos diálogos já começaram de forma bastante provocativa e intensa. Que bom! Esse era o nosso propósito.

Como nosso objetivo é, principalmente, discutir o pensamento de Allan Kardec, gostaria de acrescentar alguma coisa deste pensador sobre o tema que vocês abordaram. No seu notável livro *O Evangelho Segundo o Espiritismo*, ao criticar a máxima "Fora da verdade não há salvação", ele afirma sobre a verdade:

> "Que homem se pode vangloriar de a possuir integral, quando o âmbito dos conhecimentos incessantemente se alarga e todos os dias se retificam as ideias?"[1]

1 O Evangelho Segundo o Espiritismo, cap. XV, item 9, Fora da verdade não há salvação.

ESPÍRITO E MATÉRIA

Ao justificar a máxima defendida pelo Espiritismo: *Fora da caridade não há salvação,* ele acrescenta falando que a humanidade "somente pode aspirar a uma verdade relativa e proporcionada ao seu adiantamento. Se Deus houvera feito da posse da verdade absoluta condição expressa da felicidade futura, teria proferido uma sentença de proscrição geral, ao passo que a caridade, mesmo na sua mais ampla acepção, podem todos praticá-la."[2]

Bom! Terminada a apresentação de todos e já que a discussão começou, quero propor um primeiro tema para os nossos diálogos: Deus.

Começo com a primeira questão proposta por Kardec na sua obra *O Livro dos Espíritos:*

1. *Que é Deus?*

> "Deus é a inteligência suprema, causa primária de todas as coisas"

ANA

Essa questão sempre me intrigou. Nunca entendi essa resposta dividida em duas partes: inteligência suprema e causa primária.

PAULO

Sempre entendi Deus como a causa primeira de todas as coisas. Sempre achei que isso seria suficiente.

---

2 O Evangelho Segundo o Espiritismo, cap. XV, item 9, Fora da verdade não há salvação.

RENÊ

Talvez o raciocínio anterior de Max, acerca do espírito, nos ajude. Temos dois elementos no universo ou dois conceitos fundamentais: matéria e espírito. A matéria...

MAX

Desculpe-me interromper. Prefiro considerar a segunda hipótese: dois conceitos metafísicos fundamentais. A matéria seria tudo o que existe ou parece existir fora do espírito, ou independente do pensamento. Nesse sentido, só haveria um elemento fundamental, a matéria. Tudo o mais são suas propriedades ou efeitos.

RENÊ

Sem problemas, Max. Podemos, de início, considerar apenas como dois princípios metafísicos, sem discutir a questão da natureza do espírito.

Tomemos então a matéria. A matéria está submetida ao que nós chamamos de *princípio de causalidade:* todo fato tem uma causa. Nas mesmas condições, a mesma causa produz os mesmos efeitos. Uma causa é um outro fato ou um conjunto de fatos. Aceitar esse princípio, é aceitar a racionalidade dos fenômenos e a constância de suas leis. Não se pode provar o princípio de causalidade. Recusá-lo é renunciar ao porquê, à explicação. Sem o princípio de causalidade, como explicar um fato qualquer? Explicar é dar a causa, o sentido ou a razão. Sem o princípio de causalidade nenhum fato seria explicável. Se um fato não tivesse uma causa, não poderíamos explicá-lo. Ele escaparia da nossa capacidade de compreensão. Seria um mistério.

ESPÍRITO E MATÉRIA

É deste princípio de causalidade que surge a ideia de Deus como a causa primária de todas as coisas. Se aplicamos esse princípio sucessivamente a todos os fatos e regredindo na ordem das causas chegaríamos a uma causa primeira ou a regressão nunca pararia e, neste caso, ficaríamos sem uma explicação para a origem de todas as coisas. Assim, a aplicação indefinidamente reiterável desse princípio desemboca na alternativa: *numa causa sem causa ou numa causa de si mesma*. Claro, já estou captando o pensamento do Max, que isso não é um argumento que demonstra a existência da causa primeira. Podemos recusar o princípio de causalidade, considerando, por exemplo, a alternativa acima como sua própria violação. Isto é, ao se aceitar esse princípio, obteríamos algo misterioso: uma causa de si mesmo.

Sempre temos que fazer escolhas. Não há argumento certo, pois já vimos que nada é certo. Porém, aqueles que consideram como verdadeiro o princípio de causalidade podem aceitar a ideia de uma causa primeira, uma causa que causaria a si mesma, optando, desta forma, pelo segundo termo da alternativa acima, por mais misterioso que isso possa parecer.

ANA

Se eu entendi bem o princípio de causalidade, é a partir dele que se diz que se pode determinar o futuro pelo passado. Se as mesmas causas produzem sempre os mesmos efeitos, isso não seria um determinismo absoluto ou um fatalismo? Uma vez que o Universo tenha começado, a sequência de efeitos futuros seria uma sequência que já estaria determinada pelas causas, que são as mesmas desde o começo de tudo. Os primeiros efeitos, ou fenômenos, criados por Deus no início de tudo, seriam as causas iniciais que, por serem as mesmas, produziriam os mesmos efeitos, e assim, sucessivamente, de efeito em efeito, todos os eventos futuros já estariam previamente estabelecidos, pois todos eles derivam das mesmas causas iniciais. O futuro seria tão impossível de modificar quanto o passado. Tudo já estaria escrito e determinado. Seria a consagração do destino.

MAX
Necessariamente, não. Você está confundindo o princípio de causalidade com o determinismo absoluto ou pré-determinismo. O princípio de causalidade pode coexistir com o indeterminismo. O indeterminismo supõe a pluralidade e a descontinuidade das cadeias causais. O princípio de causalidade exige apenas a constância das leis da natureza e não que haja necessariamente a unidade e a continuidade das séries causais no tempo. Um exemplo disso em filosofia é dado pelo filósofo epicurista, Lucrécio.

Para Lucrécio tudo é formado de átomos, partículas invisíveis e indivisíveis. Os átomos causam todas as coisas. Entre as propriedades dos átomos está a que Lucrécio chamou de *clinamem* ou *declinação.* Trata-se de um desvio ínfimo no movimento dos átomos que os afasta do movimento em linha reta. Sem esse desvio os átomos se movimentariam eternamente em linha reta. O desvio é causado pelo átomo, vale, portanto, o princípio de causalidade, mas tal desvio ocorre num tempo e num lugar indeterminados. O desvio ocorre num determinado momento do presente sem que nenhum passado o determine. É um poder de começar absolutamente uma nova série causal. É o que podemos chamar de acaso para os átomos. O acaso é uma determinação imprevisível que resulta do encontro de várias séries causais independentes umas das outras.

PAULO
Nossa!!! Ficou muito difícil entender essas várias séries causais independentes. Poderia nos ajudar com outro exemplo.

ANA
Ainda bem que você pediu socorro. Eu já estava ansiosa para perguntar.

MAX
Vejamos um outro exemplo que foi proposto pelo filósofo Espinosa, na sua monumental obra *Ética*. Uma telha cai do teto de uma casa. No mesmo momento você estava na calçada e foi atingido pela telha. Se a telha quebrar a sua cabeça, você poderá morrer. Caso morra, foi por acaso. Pois as duas séries causais são independentes. Houve acaso, mas não houve desrespeito ao princípio de causalidade. Ambos os fatos foram causados. Cada um deles pode ser explicado por uma série causal no tempo. Não é porque você está ali que a telha cai, nem é porque a telha cai que você está ali.

Ambas as séries não dependem uma da outra.

A primeira série causal determinou a queda da telha. As causas da queda da telha são, por exemplo, a umidade da madeira onde a telha era presa, a ferrugem do arame que prendia a telha, a inclinação do telhado, o peso da telha, o vento, etc.

A segunda série causal levou você para a calçada no instante que a telha caiu. Você estava indo a pé para o trabalho; pegou aquela rua que era o seu caminho de sempre; passou por aquela calçada porque a rua estava com muitos carros, etc.

Não há necessidade de nenhum ponto de contato, anterior ao momento da queda, entre as duas séries causais, para que o princípio de causalidade seja respeitado. Por isso as duas séries causais do exemplo são chamadas de independentes. Houve causalidade e casualidade, mas não fatalismo ou destino. O acaso é a palavra usada para expressar a nossa incapacidade de prever o encontro futuro dessas duas séries causais independentes.

RENÊ

Muito boa a sua explicação, Max. Apenas gostaria de acrescentar uma pequena diferença na visão espírita. Para o Espiritismo, as séries causais são independentes, mas há elementos novos que fazem parte da segunda série causal: os Espíritos.

Primeiro, os Espíritos podem saber, analisando a primeira série causal, quando exatamente a telha irá cair na calçada. Esse conhecimento é possível para os

ESPÍRITO E MATÉRIA

Espíritos Superiores, que recebem as ordens de Deus. Segundo, eles podem saber com alguma antecedência da necessidade da morte do homem, como parte de suas provas ou expiações. Assim, os Espíritos podem interferir sobre os desejos e a vontade do homem para que ele passasse pela calçada no momento da queda da telha. Podemos concordar com você que houve acaso do ponto de vista dos homens, mas que não houve acaso do ponto de vista de Deus, que previu e possibilitou que as duas séries causais independentes se encontrassem e a morte acontecesse. Deus é atuante no Universo, isso é o que chamamos de providência divina.

ANA
Então, Renê, você está dizendo que existe destino, que aquele homem deveria morrer naquele momento e lugar, que isso já estava predeterminado?

RENÊ
Não é bem assim. O destino pressupõe, como o Max observou, a predeterminação de todos os acontecimentos ou a existência de uma única série causal. Como sabemos, os Espíritos são livres para escolher seus caminhos. Se quisermos, podemos pensar os Espíritos como os átomos de Lucrécio, eles têm o poder de começar uma nova série causal. Aquele homem, por exemplo, poderia ter cometido suicídio e, por essa escolha livre, porém determinada por seus desejos, não morreria mais tarde pela queda da telha. Porém, ninguém está predeterminado a cometer

suicídio e nem nenhuma outra escolha moral. Por isso, afirma Kardec:[3]

> "A fatalidade, portanto, está nos acontecimentos que se apresentam, por serem estes consequência da escolha que o Espírito fez da sua existência de homem. Pode deixar de haver fatalidade no resultado de tais acontecimentos, visto ser possível ao homem, pela sua prudência, modificar-lhes o curso. *Nunca há fatalidade nos atos da vida moral.*"

Os atos da vida moral não podem ser predeterminados, caso contrário não haveria responsabilidade pelos atos praticados. Embora não sejam predeterminados, eles podem ser conhecidos por Deus. Conhecer não é predeterminar. Nossas escolhas são determinadas por aquilo que somos, nosso mundo interior de pensamentos, sentimentos e desejos. Deus, que conhece os nossos mais secretos pensamentos, sabe de nossas escolhas, de nossas necessidades de provas e expiações e do momento de nossa morte.

Fazia parte das provas ou expiações daquele homem a morte por acidente em algum período da vida. Deus sabia exatamente quando isso deveria acontecer e dessa forma poderia orientar os Espíritos para que conduzissem o homem a passar naquela hora por debaixo da telha.

---

3 O Livro dos Espíritos, item 872.

PAULO

Não poderia também acontecer o contrário, caso o homem não devesse morrer, Deus poderia orientar os Espíritos para que estes desviassem o homem da telha?

RENÊ

Perfeitamente, o que seria uma outra forma de mostrar a independência das duas séries causais. A telha cairia de qualquer maneira, se as mesmas causas se mantivessem. Mas os Espíritos, consoante a vontade de Deus, poderiam agir para impedir uma morte que não deveria acontecer naquela hora. Tanto a ação divina quanto a dos Espíritos respeitam o princípio de causalidade sem que haja a necessidade de uma predeterminação ou fatalidade. Assim, determinação e ação livre podem coexistir.

ANA

Só não entendi uma coisa. Como fica a independência das séries causais com a existência de uma causa primeira? Não parece que a causa primeira exige uma única série causal? Tudo deve iniciar de Deus e, portanto, teríamos uma única série causal começada a partir de Deus.

RENÊ

Não necessariamente. Tomemos, por exemplo, o caso dos átomos de Lucrécio. Eles podem ter sido criados por Deus, e mesmo assim cada átomo ter a propriedade do *clinamem*. O que permitiria o surgimento, ao longo do tempo, de várias séries causais independentes.

MAX

Renê, permita-me, dar um exemplo da física moderna, embora essa seja a sua área de formação. Se aceitarmos o princípio fundamental da teoria da relatividade especial que afirma que a velocidade da luz é uma constante universal e que, portanto, nenhuma interferência entre corpos pode se propagar a uma velocidade maior que a da luz, é fácil imaginar eventos separados no espaço que não estariam ligados por nenhuma série causal.

Tomemos, por hipótese, um planeta que esteja a uma distância da Terra superior a 100 anos-luz. Isto é, suponhamos que a luz e, portanto, qualquer interferência, demore um tempo maior do que 100 anos para sair deste planeta e chegar à Terra e vice-versa. Assim, qualquer acontecimento na Terra nos próximos 100 anos não terá nenhuma influência, nem será influenciado por qualquer evento que aconteça nesse planeta nesses próximos 100 anos. Quaisquer duas séries causais de eventos nesse planeta e na Terra são, assim, completamente independentes uma da outra, pelos próximos 100 anos. O que nós estamos fazendo aqui e agora na Terra, não influencia o que esteja acontecendo lá nesse planeta distante, pelo menos antes dos próximos 100 anos.

Por outro lado, podemos admitir, também, que todo o Universo teve início de um único evento inicial, ou uma causa primária, como por exemplo, a hipótese de uma primeira grande explosão ou *big bang*. Assim, utilizando esse exemplo do planeta distante de nós, fica claro que a hipótese de uma causa primeira para o Universo não é inconsistente com a existência de séries causais independentes. Podemos pensar, sem contradição com a hipótese de uma causa primeira, utilizando, por exemplo, o que a teoria da relatividade especial nos propõe, que partes do universo que foram causadas pela primeira explosão, por estarem muito distantes umas das outras, não produzam efeitos entre si. Constituindo séries causais independentes.

RENÊ

Muito bom exemplo, Max. Voltemos agora para o tema inicial que deu origem a toda essa discussão. Estávamos tratando do *item 1*, sobre Deus, da obra *O Livro dos Espíritos*. Dizíamos que há dois elementos gerais no Universo ou dois conceitos metafísicos fundamentais, como prefere o nosso Max: matéria e espírito. Vimos o papel do princípio de causalidade na explicação dos fenômenos no reino da matéria.

Agora vamos nos ater ao reino do espírito, ou do pensamento. Neste domínio, o princípio de causalidade não funciona da mesma forma, pois nenhum pensamento causa o pensamento seguinte na mente que os formula. Claro que qualquer pensamento tem uma causa, ou é um efeito da alma, para o Espiritismo, ou do corpo pensante, para o Materialismo. Mas, os pensamentos ou as ideias numa cadeia de pensamentos, como num relato, num argumento ou num texto qualquer, seguem a sequência livremente criada pelo espírito. Mesmo supondo que essa liberdade de criação das ideias e das sequências de pensamentos não seja absoluta, percebemos, pelo uso da imaginação ou mais ainda quando

PRIMEIRO DIÁLOGO

deliramos, a relativa independência de uma ideia com relação a uma outra que a segue. Assim, uma sequência de pensamentos produzidos por um sujeito não é ela mesma uma sequência causal, no mesmo sentido que discutimos acima.

ANA

Veja se entendi. Quando escrevo um texto qualquer, ou quando penso, uma ideia pode ser seguida por qualquer outra ideia, livremente escolhida por quem escreve dependendo daquilo que se deseja dizer. Por exemplo, se penso numa casa, posso a seguir pensar outra ideia: livro, madeira, cavalo ou anjo. Assim, não devo dizer que a ideia de casa causou a outra ideia que pensei em seguida. Ambas foram determinadas ou causadas pelo espírito ou pela mente, mas a primeira ideia que pensei não é a causa da segunda.

PAULO

Acho que o processo de explicação, e principalmente o da previsão possível, quando sabemos das ligações de causa e efeito entre fenômenos do mundo, serve para explicitar as diferenças entre as sequências de eventos e as sequências de ideias no ato de pensar. Não posso prever qual a sequência de ideias que irá surgir da cabeça de alguém. Mesmo se conhecêssemos as ideias iniciais de uma dada sequência, não poderíamos saber quais as novas ideias que viriam a seguir nessa sequência. Ideias não causam novas ideias. Pelo menos não no mesmo sentido que posso prever que um dado pedaço de imã irá atrair um prego de ferro.

MAX

Num certo sentido você está certo, Paulo. Mas, claro que eu poderia saber qual sequência de ideias sairia da cabeça de alguém, se eu conhecesse todas as causas que ocorrem no espírito, ou no corpo, para um materialista, e que determinam a criação de suas ideias. Como acredito que é o corpo que causa o pensamento ou uma sequência de pensamentos, se conhecêssemos todas as leis de produção de pensamentos no cérebro, poderíamos, em princípio, prever tal sequência.

Penso, no entanto, que a provocação de Renê é para percebermos que o mundo dos pensamentos, quer sejamos espiritualistas ou materialistas, é um mundo especial, diferente do mundo da matéria. Por isso, alguns filósofos materialistas costumam definir a matéria pelo espírito, dizendo que matéria é tudo o que não é espírito ou pensamento. Embora para os materialistas o espírito não seja uma realidade independente da matéria, o espírito não é a mesma coisa que a matéria. A forma de ser das ideias na cabeça, não é semelhante à existência dos corpos no mundo. Uma ideia não é um corpo. Um corpo não é um pensamento.

ANA

Max, não entendi sua definição de matéria *como tudo aquilo que não é pensamento ou espírito*. Aprendi que a matéria é formada de átomos e os átomos de partículas ainda menores, de ondas...

MAX

Ana, desculpe-me interrompê-la, mas estamos falando apenas do conceito ou categoria filosófica de matéria, não da matéria que compete à física explicar. Esse conceito filosófico é apenas uma definição nominal, cabe às ciências sua definição real. Uma definição nominal nos permite compreender um discurso no qual estejamos fazemos uso da palavra cuja definição nominal foi dada. Cabe lembrar, também, que ao darmos uma definição nominal de um termo, não nos comprometemos com a existência real do objeto que definimos com esse termo. É por isso que podemos dar uma definição nominal para os termos "pégaso", "duende" ou "fada". Ao defini-los nominalmente, não precisamos aceitar que existam tais seres. Assim, é o caso da definição nominal de Deus que estamos discutindo. Para o materialista, não há na realidade um Deus, no entanto, precisamos de uma definição da palavra, ou do nome, "Deus".

Ondas, partículas e demais elementos definidos pelas ciências físicas, se aceitarmos que não são pensamentos, são, do ponto de vista filosófico, formas de matéria. Do espírito ou do pensamento temos uma experiência interior que nos permite dar um sentido filosófico para a matéria. O espírito e o pensamento são caracterizados pela consciência, pela memória, pelos desejos, pela vontade, pela afetividade e pela inteligência. A matéria não tem esses elementos de consciência, de memória, de desejos, etc. Usamos o espírito para dizer filosoficamente o que a matéria não é, cabe aos físicos

ESPÍRITO E MATÉRIA

dizer o que ela é. Definição negativa, mas fundamental para o nosso discurso filosófico. Mesmo supondo que nunca tenhamos uma definição real, única e definitiva de matéria, essa definição nominal e negativa dada pela filosofia é suficiente para os nossos discursos e debates metafísicos.

RENÊ

Obrigado, Max, não conseguiria dizer melhor. Você tocou no ponto essencial de minha provocação. Os dois elementos fundamentais, espírito e matéria, ou as duas categorias metafísicas, são diferentes um do outro. Isso é o que importa para a nossa compreensão da questão de *número 1* de *O Livro dos Espíritos,* que estamos examinando.

Para o Espiritismo, como são dois elementos distintos, a definição de Deus proposta pelos Espíritos precisava levar isso em consideração. Assim, quando pensamos na matéria, Deus é a causa primeira de todas as coisas. Quando pensamos no espírito, Deus é a inteligência suprema.

ANA

Acho que agora entendi a necessidade da resposta ser dividida nessas duas partes, uma para o espírito, a outra para a matéria. Mas, ainda tenho uma dúvida sobre ordem em que foi apresentada a resposta dos Espíritos. Primeiramente, foi definido Deus como a inteligência suprema, depois como a causa primeira. Essa ordem foi de propósito, tem alguma explicação ou razão, ou não faria diferença se fosse invertida?

PAULO

Vou arriscar uma resposta considerando o que foi dito pelo Max. Como na definição de matéria dada acima, foi necessário partir primeiro do espírito, o espírito deve ser o primeiro elemento a ser considerado.

MAX

Embora não conheço a obra citada, nem conhecia a questão em discussão, também acho que a ordem melhor é considerar os elementos que caracterizam o conceito de espírito, sendo a inteligência uma das características fundamentais do espírito. A razão para isso já foi dita: do espírito temos uma compreensão ou experiência interior imediata. E é a partir desta visão de espírito que podemos definir o conceito metafísico de matéria.

RENÊ

Gostaria de acrescentar alguns elementos para a compreensão dessa ordem dada pela resposta dos Espíritos. Para isso, é muito importante examinar o que os Espíritos disseram na resposta à seguinte questão desta mesma obra:

> 22 a) – *Que definição podeis dar da matéria?*
>
> > "A matéria é o laço que prende o espírito; é o instrumento que o serve e sobre o qual, ao mesmo tempo, ele exerce sua ação."
>
> > Deste ponto de vista, pode dizer-se que a matéria é o agente, o intermediário com o auxílio do qual e sobre o qual atua o espírito.

Veja que na definição de matéria dada pelos Espíritos, o espírito vem primeiro, como o elemento fundamental para a definição de matéria. A matéria é definida a partir do espírito. Sendo a matéria um laço, ou instrumento, ela não é espírito. Essa definição não aborda as propriedades da matéria, não é uma definição científica, mas filosófica. Não especifica o que a matéria é em si mesma, mas o que é em relação ao espírito. Muito análoga, portanto, à categoria metafísica proposta pelos materialistas.

Cabe, observar que, na mesma linha do raciocínio apresentado pelo Max quando propôs a definição filosófica de matéria, Kardec começa perguntando sobre a definição de matéria no sentido científico, vejamos o item:

> 22. *Define-se geralmente a matéria como sendo: o que tem extensão, o que é capaz de nos impressionar os sentidos, o que é impenetrável. São exatas essas definições?*
>
> "Do vosso ponto de vista, elas o são, porque não falais senão do que conheceis. Mas a matéria existe em estados que ignorais. Pode ser, por exemplo, tão etérea e sutil que nenhuma impressão vos cause aos sentidos. Contudo, é sempre matéria. Para vós, porém, não o seria."

Essa pergunta e sua resposta evidenciam as dificuldades para uma definição real ou científica de matéria. Conforme Max tinha observado, cabe à ciência uma caracterização das propriedades da matéria. Mas, a filosofia não depende desse tipo de definição científica. Uma definição nominal e relativa ao espírito é suficiente para a discussão filosófica. Tal definição nominal nos permite usar a palavra "matéria" e saber do que estamos falando, a partir do conceito de espírito como pensamento. Assim, uma vez que tenho uma experiência imediata do que seja o mundo mental de pensamentos, sentimentos desejos, etc., podemos usar esse conceito intuitivo de espírito para definir o conceito filosófico ou metafísico de matéria.

Podemos acrescentar que mesmo para a ciência espírita essa definição nominal de matéria, por enquanto, é suficiente. Uma vez que, como bem definiu Kardec, o Espiritismo tem por objeto de estudos o espírito e suas relações com o mundo corporal[4], não cabe ao Espiritismo apresentar uma definição científica de matéria. Esse é o trabalho das ciências materiais.

Além disso, como no Espiritismo o espírito tem existência independente da matéria, no sentido de que sua individualidade permanece após a morte do corpo, o espírito é o que há de mais importante no homem.

Assim, definir primeiramente Deus a partir do espírito, ou da inteligência, é, também, priorizar o espírito, este ser imortal, a partir do qual podemos compreender a própria matéria ou, pelo menos, compreender o seu conceito.

---

4 O que é o Espiritismo? Preâmbulo.

MAX
Renê, tenho uma questão...
— Senhor Renê, interrompeu-nos um dos funcionários da chácara, entrando na sala em que estávamos, desculpe-me, mas o almoço está pronto. Desejam que seja servido aqui mesmo ou no restaurante?

PAULO
Nossa! O tempo passa tão rápido que parece que acabamos de tomar o café da manhã.

RENÊ
É verdade! Mas, o que acham? Onde vamos almoçar, aqui ou no espaço do restaurante?

ANA
A discussão está tão boa, preferiria continuar conversando enquanto comemos, o que acham?

MAX
Costumo brincar dizendo que a primeira demonstração de inteligência de um homem é quando ele sabe que deve concordar com uma mulher. Rss...

RENÊ
Sendo assim, vamos todos concordar com a Ana. Teremos o nosso almoço aqui mesmo enquanto discutimos. Apenas uma observação, sempre que posso, gosto de repousar um pouco após o almoço. Almoçamos aqui e logo após o almoço paramos por uns trinta minutos e voltamos em seguida. Tudo bem?

MAX
Excelente sugestão. Também tenho por hábito repousar por alguns minutos logo após o almoço. Acho que isso deve ser uma mania de filósofo.

ANA
Deve ser mesmo uma mania de filósofo. Eu não consigo dormir por tão pouco tempo após o almoço. Se tivesse que dormir, seria por muito mais tempo. Vou aproveitar esse tempo para colocar meus *e-mails* em dia.

PAULO
Concordo com a Ana. Também não sou filósofo. Vou caminhar um pouco por este lindo local enquanto nossos amigos filósofos vão conversar com os deuses da filosofia. Rss...

RENÊ
Como o almoço já chegou, vamos almoçar e após nossa pequena parada para a sesta dos filósofos, retornaremos para este local.

SEGUNDO
diálogo

2

RENÊ
Boa tarde a todos! Aproveitaram bem o intervalo?

ANA
Foi ótimo, consegui colocar em dia meus *e-mails*.

PAULO
E os filósofos? Visitaram o Olimpo? Rss...

RENÊ
Sim, Paulo. Agora estamos mais inspirados. Mas, dando sequência, a palavra estava com o Max.

MAX
Renê, você afirmou que o espírito é independente da matéria, mas se ele não é matéria ou uma propriedade dela, qual a sua natureza?

ESPÍRITO E MATÉRIA

PAULO

Penso que poderíamos defini-lo como uma substância imaterial, não acham?

MAX

Neste caso ele não seria nada, ou seria, como afirmam os materialistas, um pensamento ou uma ideia.

RENÊ

Não é essa a proposta do Espiritismo. Não podemos definir o espírito como algo imaterial, pois neste caso concordaríamos com o Max, ele nada seria ou seria apenas uma ideia ou um pensamento. Mas, ele também não é um pensamento. O pensamento ou a inteligência é um atributo do espírito, não o próprio espírito. Vamos ler o texto de Kardec a respeito:

> 23. *Que é o espírito?*
>
> "O princípio inteligente do Universo."
>
> a) — *Qual a natureza íntima do espírito?*
>
>> "Não é fácil analisar o espírito com a vossa linguagem. Para vós, ele nada é, por não ser palpável. Para nós, entretanto, é alguma coisa. Ficai sabendo: coisa nenhuma é o nada e o nada não existe."

Observamos que a inteligência é causada pelo espírito, não é o próprio espírito. Por outro lado, a natureza íntima do espírito escapa aos nossos atuais processos de investigação. Porém, não podemos considerá-lo como um nada. Ele é alguma coisa, que difere daquilo que cientificamente chamamos de matéria. Para deixar isso mais claro, vejamos o que nos diz Kardec em outro item:

82. *Será certo dizer-se que os Espíritos são imateriais?*

"Como se pode definir uma coisa, quando faltam termos de comparação, e com uma linguagem deficiente? Pode um cego de nascença definir a luz? Imaterial não é bem o termo; incorpóreo seria mais exato, pois deves compreender que, sendo uma criação, o Espírito há de ser alguma coisa. É a matéria *quintessenciada*, mas sem analogia para vós outros, e tão etérea que escapa inteiramente ao alcance dos vossos sentidos."

Dizemos que os Espíritos são imateriais, porque sua essência difere de tudo o que conhecemos sob o nome de matéria. Um povo de cegos careceria de termos para exprimir a luz e seus efeitos. O cego de nascença se julga capaz de todas as percepções pelo ouvido, pelo olfato, pelo paladar e pelo tato. Não compreende as idéias que só lhe poderiam ser dadas pelo sentido que lhe falta. Nós outros somos verdadeiros cegos com relação à essência

ESPÍRITO E MATÉRIA

dos seres sobre-humanos. Não os podemos definir senão por meio de comparações sempre imperfeitas, ou por um esforço da imaginação.

PAULO

Agora fiquei confuso. Se o espírito é um tipo de matéria, embora de uma natureza *quintessenciada,* isso não seria a consagração das doutrinas materialistas?

ANA

Ufa! Foi o que também pensei. Se tudo é matéria, o que é então o espírito e como fica a definição do Max de matéria como sendo tudo aquilo que não é espírito?

RENÊ

Vamos devagar. O fundamental para o materialismo é a concepção de espírito ou pensamento como uma propriedade do nosso corpo físico, ou do cérebro, e que, portanto, após a morte do corpo, desaparece com ele. Por outro lado, para o Espiritismo, o espírito é uma outra entidade, ligada ao corpo físico e independente dele, que sobrevive à morte. O pensamento ou o mundo mental do homem é uma propriedade do espírito, um tipo especial de elemento do Universo que difere de tudo aquilo que a ciência considera como matéria. Para o Espiritismo não se deve confundir pensamento com espírito, sendo este a causa daquele. Assim, não é o nosso corpo material que pensa, mas o espírito.

Devo concordar, entretanto, que se você considerar que matéria é tudo aquilo que não é uma ideia ou pensamento, o espírito pode ser considerado como uma matéria *quintessenciada,* conforme o texto acima de Kardec. O Espiritismo e o materialismo estão de acordo nesse ponto, pois essa é a definição nominal de matéria a partir do espírito. A discordância pode ser melhor esclarecida percebendo que a palavra "espírito" está sendo usada em dois sentidos diferentes. No sentido materialista, "espírito" significa apenas pensamentos. No sentido espírita, "espírito" designa, não mais os pensamentos, mas o ser individual que sobrevive à morte do corpo e que é a causa dos pensamentos.

MAX

Concordo. De forma simplificada, podemos dizer das ideias que são um tipo particular de propriedade que só tem aquilo que alguns filósofos chamam *existência de primeira pessoa.* Existem subjetivamente. Só existem para um ser que pensa, no momento em que se pensa. Não têm uma existência independente do pensamento. As coisas que se supõem que existam fora do pensamento, ou que existam mesmo quando não se está pensando, têm uma *existência de terceira pessoa,* são um *isto* ou *aquilo.* Existem objetivamente. Pelo que entendi do que foi lido, podemos estabelecer a seguinte diferença entre o Espiritismo e o materialismo. Para nós, os materialistas, o espírito (que é o próprio pensamento) só tem existência de primeira pessoa, só existe para um corpo pensante, enquanto pensa. Para o Espiritismo o espírito (que não é o próprio pensamento) teria uma existência de terceira pessoa, existe independente do corpo.

PAULO

Se entendi bem, uma cadeira, uma pedra, um raio, por exemplo, existem mesmo quando nenhum ser está pensando neles. Existem por si mesmos. São um *isto* ou *aquilo*, terceira pessoa. Por outro lado, nossas ideias existem apenas em nós mesmos enquanto pensamos nelas. Existem somente para mim, primeira pessoa, enquanto penso nelas.

MAX

Simplificadamente, Paulo, podemos concordar com você. No entanto, quando tentamos dizer o que são essas coisas como cadeiras ou raios entramos no campo do conhecimento. Todo conhecimento é sempre uma relação entre um sujeito e um objeto, ou melhor entre um pensamento e um objeto. Só há conhecimento, conforme já dissemos anteriormente, para um sujeito. Não temos uma objetividade absoluta. Podemos supor, como o fazem os chamados filósofos realistas, que existem coisas fora do pensamento. Mas quando tentamos caracterizá-las, ou dizer como elas são, nossa subjetividade está sempre presente. Novamente, não podemos confundir a verdade (como as coisas são) com o conhecimento (como pensamos que as coisas são). Claro que nas ciências se busca uma objetividade ou um conhecimento de como as coisas são que seja independente do que nossa subjetividade tenha de parcial ou de particular. Isto é, busca-se proceder como um observador de boa-fé, que se esforça para ver as coisas com a maior isenção possível. Podemos supor que existam cadeiras e raios fora do pensamento, mas quando procuramos dizer o que eles são, não saímos do pensamento, para a glória do ceticismo.

Voltando à definição de espírito dada na obra de Kardec, se o espírito tem uma realidade própria, não é um efeito do nosso corpo como creio, como podemos constatar tal realidade?

RENÊ

Você tocou no ponto chave da ciência espírita, o que levou Kardec a dizer que o Espiritismo é uma ciência experimental. São os chamados fenômenos espíritas que levaram à afirmação da existência de seres pensantes fora do corpo físico e que permitiram a construção da ciência espírita. Os diversos fenômenos espíritas, no seu conjunto, e não isoladamente, receberam uma explicação pela ciência espírita. Todas as tentativas de explicá-los fora da proposta espírita se mostraram parciais ou incompletas.

Allan Kardec, na sua obra *O Livro dos Médiuns*, no capitulo IV, *Dos Sistemas*, faz uma análise detalhada dos diversos sistemas que surgiram para explicar os fenômenos espíritas. Nenhum deles se mostrou tão simples e tão completo quanto a proposta apresentada naquela obra.

Assim, Max, para mostrar para você como o Espiritismo pode ser considerado uma ciência, e a partir daí demonstrar como a existência dos Espíritos pode ser cientificamente estabelecida, teríamos que investigar com detalhes a obra de Kardec. Não é esse o nosso objetivo nesse encontro. Peço a você que, por enquanto, considere nossa afirmativa acerca da existência do espírito fora do corpo físico como uma hipótese. Tenho certeza que você, ao tomar essa visão espírita acerca do espírito como uma hipótese possível, terá muito a contribuir para esses nossos diálogos. Seu conhecimento filosófico nos será muito útil na compreensão das consequências que se pode extrair dessa hipótese fundamental.

MAX

Caro Renê, sou materialista pela razão de que não conheci sistema que respondesse de forma mais simples aos fenômenos do mundo. Mas, como já disse, não sou dogmático. Assim, não vejo nenhum problema de raciocinar tomando como hipótese de partida a afirmação da existência do espírito como algo independente do corpo físico. Como filósofo amante do conhecimento, será sempre uma grande alegria para mim a oportunidade dessas reflexões em torno de questões tão importantes para o pensamento humano. Claro que vou sempre emitir meu ponto de vista a partir do que sei e acredito. Não pouparei esforços para encontrar contradições que possam surgir das consequências extraídas da hipótese que você sugeriu. Além disso, é sempre uma grande alegria conversar com pessoas tão queridas e tão educadas, e que já demonstraram desde o início deste nosso diálogo um espírito aberto e respeitoso para com aqueles que pensam diferente.

RENÊ

Não exigimos nada mais do que um espírito aberto e respeitoso, que deve caracterizar todos aqueles que buscam honestamente a verdade. Allan Kardec expressou de forma simples o que pretendemos com esse nosso encontro: *discutiremos, mas não disputaremos*[5]. A verdade, como você, Max, soube muito bem caracterizar, não é patrimônio exclusivo de ninguém, cabe a cada um buscá-la por meio do conhecimento compartilhado por todos. Quanto mais aprendemos a fazer uso público da razão, pelo diálogo argumentativo, mais chances temos de nos aproximarmos da verdade.

Deixemos claro, no entanto, que esse espírito de respeito, ou melhor de caridade, é para com as pessoas, não com os textos ou com as ideias que eles expressam. Com os textos ou ideias, todo o rigor é necessário. Não podemos aceitar uma ideia apenas pelo respeito ou pelo amor que nutrimos pelo autor. O conhecimento nos obriga exame constante. Toda ideia, assim como todo texto, precisa passar pelo exame rigoroso da razão. Nesse sentido é que encontramos a afirmativa do Espírito Erasto:

> *"Mais vale repelir dez verdades que admitir uma só mentira, uma só teoria falsa.*[6]*"*

---

5 Revista Espírita, Janeiro de 1858, Introdução.

6 O Livro dos Médiuns, cap. X, item 230.

MAX
Exatamente isso que quis expressar quando afirmei que não pouparia esforços na análise crítica das ideias que discutiremos. Devemos sempre evitar que os sentimentos que nutrimos para com as pessoas interfira na análise racional que sempre deve ser feita de suas ideias ou propostas. No plano pessoal, caridade, no plano das ideias e do conhecimento, uso rigoroso da razão.

ANA
Quanta emoção perceber como há muita concordância entre os Espíritas e os materialistas, pelo menos naquilo que diz respeito ao amor e à caridade.

PAULO
Para mim, isso é divino. Somos mesmo obras de Deus. O amor nos une, embora, às vezes, a razão parece nos separar.

MAX
Para ser rigoroso, Paulo, não diria "a razão". O que frequentemente nos separa é a crença dogmática, resultado do orgulho e da vaidade humana. A razão quando bem utilizada, sem dogmatismo, gera conhecimentos e não certezas.

RENÊ
Muito bem dito! Aliás, Kardec expressa este descontrole da razão pelo orgulho da seguinte maneira:

75. a) — *Por que nem sempre é guia infalível a razão?*

"Seria infalível, se não fosse falseada pela má educação, pelo orgulho e pelo egoísmo. O instinto não raciocina; a razão permite a escolha e dá ao homem o livre-arbítrio."[7]

Assim, não temos por que temer a discussão pública. A razão ainda é o melhor guia para a descoberta da verdade. Todo aquele que não é dogmático está sempre aberto a novos argumentos e examina com atenção, e com espírito de caridade, todos os pontos de vistas que lhe são contrários.

ANA

Renê, sua citação de Kardec me chamou a atenção. Não entendi o que se quis dizer com a afirmativa de que a razão dá ao homem o livre-arbítrio. Não é o livre-arbítrio um patrimônio da vontade? Não é a vontade que permite a ação e a liberdade? Para mim, sempre entendi a razão como a faculdade responsável pelo conhecimento, e a vontade a responsável pelas escolhas.

RENÊ

Você está certa quanto aos papéis das faculdades da razão e da vontade. Essa afirmativa dos Espíritos na resposta da pergunta citada merece uma análise mais cuidadosa. Vamos aproveitar a presença do nosso Max

---

7 O Livro dos Espíritos, item 75.

ESPÍRITO E MATÉRIA

para que ele possa dar a contribuição da filosofia nessa tão intrigante questão do livre-arbítrio. Podemos, portanto, aprofundar essa sua questão, mas proponho que primeiro continuemos com a discussão sobre o que é o espírito. Deixe aí anotado, para não esquecermos, e voltaremos mais tarde a essa questão.

PAULO
Com certeza anotarei também essa pergunta da Ana. Também não entendi essa afirmativa. Estou ansioso para ver até onde poderemos avançar nesse assunto da liberdade e do livre-arbítrio.

RENÊ
Vimos que o espírito, na visão espírita, é um elemento independente da matéria. Pensamentos, sentimentos e desejos são propriedades do espírito, não do corpo físico. Com a morte do corpo físico, o espírito continua existindo. Claro que para o Max, e para todos os materialistas, o espírito não é uma entidade independente do corpo físico. Por isso propus ao Max tomarmos a existência independente do espírito como uma hipótese para a nossa discussão. Para o Espiritismo, como sabemos, a existência do espírito não é apenas uma hipótese, mas uma realidade demonstrada pela ciência espírita.

Proponho, então, que aprofundemos a discussão sobre a natureza e as propriedades dessa entidade denominada *espírito*. Claro que, dadas as limitações anteriormente apresentadas no item 82, de *O Livro dos Espíritos,* vamos concentrar na natureza moral do espírito, não na sua natureza física. Sua natureza como um certo tipo de *"matéria* quintessenciada" está longe da nossa capacidade de compreensão.

Moralmente falando, um dos mais relevantes princípios para se compreender a natureza moral do espírito é o princípio da não retrogradação da alma.

PAULO

É aquele princípio que afirma que os Espíritos jamais regridem?

ANA

Li alguma coisa que afirmava que os Espíritos podem permanecer estacionários por um tempo, mas jamais retrogradam. É isso?

RENÊ

Sim. O princípio da não retrogradação da alma, ou espírito, diz exatamente isso que vocês afirmaram. Vejamos como Kardec apresenta esse princípio:

> 118. *Podem os Espíritos degenerar?*[8]
>
> "Não; à medida que avançam, compreendem o que os distanciava da perfeição. Concluindo uma prova, o Espírito fica com a ciência que daí lhe veio e não a esquece. Pode permanecer estacionário, mas não retrograda."

---

8 O Livro dos Espíritos, item 118.

Kardec, para não deixar dúvidas, nos esclarece:

> "Os Espíritos não retrogradam, no sentido de que nada perdem do progresso realizado. Podem ficar momentaneamente estacionários, Mas de bons não podem tornar-se maus, nem de sábios, ignorantes."[9]

Tudo o que o Espírito aprendeu, toda a experiência adquirida, todas as conquistas morais permanecem com ele. Ele jamais perde o que conquistou em termos morais e intelectuais.

MAX
Agora vejo algo interessante, se admitirmos esse princípio da não retrogradação, juntamente com a hipótese de que os pensamentos são atributos essenciais do espírito, podemos concluir que o espírito não pode ser algo corruptível, que se destrói ou se transforma fisicamente com o tempo. Assim, sua natureza física não pode ser algo como a matéria que conhecemos.

RENÊ
Isso mesmo, Max. Esse princípio, embora seja um princípio moral, pois diz respeito à natureza moral do espírito, isto é, ao seu mundo de pensamentos, sentimentos e

---

9 Revista Espírita, Junho de 1863, Do princípio da não-retrogradação do Espírito.

desejos, tem implicações sobre a sua natureza física, como você observou. Mais uma forma de entendermos a expressão que foi utilizada pelos Espíritos, "matéria quintessenciada". A natureza física do espírito deve ser totalmente diferente da nossa matéria corruptível. Não temos analogia para compreendermos o que seja isso: um ser cujo natureza física seja incorruptível.

ANA
Estou aturdida. Não percebi aonde vocês querem chegar.

PAULO
Nem eu, essa conversa de filósofo para filósofo é difícil de acompanhar.

RENÊ
Desculpe-nos, vamos explicar melhor. Se o espírito tivesse uma natureza física análogo à matéria que conhecemos poderíamos faze-lo perder as conquistas morais adquiridas ao longo do tempo. Algo análogo ao que acontece com computadores quando têm danificados os seus componentes, como o seu disco rígido ou sua memória. As informações num computador ficam armazenadas em peças materiais que são corruptíveis, isto é, que podem sofrer danos com o tempo. Daí a importância de fazermos um *backup* dos dados constantemente. Se o espírito fosse de uma natureza análoga, todas as suas conquistas morais e intelectuais poderiam ser perdidas por alguma ação física sobre o espírito. Bastaria alterar a sua natureza física, por intermédio de algum tipo de

fluido ou matéria, e poderíamos, em princípio, danificar o espírito, com a possibilidade de se produzir uma perda nas suas conquistas morais.

MAX
Poderíamos fazer até mais do que disso, se conhecêssemos a forma como as conquistas morais são armazenadas no espírito. Poderíamos até fazê-lo adquirir novas conquistas morais, simplesmente mexendo na sua natureza física. Fazendo com que ele progrida sem nenhum esforço moral. É o que nós, os materialistas, acreditamos ser possível de se fazer com o cérebro. A princípio, poderíamos, por uma ação física sobre o cérebro, alterar os pensamentos do homem, mudando seus conhecimentos e valores morais. Se o cérebro é a causa dos pensamentos, mudando a causa, podemos mudar os efeitos. Veja o caso das doenças mentais causadas por danos no cérebro. O homem poderia progredir ou regredir sem qualquer mérito moral, bastaria a ação física sobre o cérebro.

ANA
Agora ficou claro. Realmente, esse princípio da não-retrogradação da alma tem incríveis consequências sobre o que possa ser a natureza física do espírito. Para não perder as conquistas morais alcançadas, o espírito precisa ser de uma natureza física inalterável.

PAULO
O espírito teria que ser uma espécie de super-homem, mas sem a *cryptonita,* rss... Indestrutível e, consequentemente, imortal.

RENÊ

Vocês estão certos. O espírito, segundo o Espiritismo, é indestrutível e a sua natureza moral só pode ser mudada pelo próprio esforço moral. Assim, o mérito de suas conquistas intelecto-morais é sempre o resultado do trabalho que ele realiza com a força da sua vontade. Deus, que é justo, não poderia fazer do progresso intelecto-moral uma conquista sem trabalhos, conseguintemente sem mérito.

MAX

Vejo, no entanto, uma grande dificuldade. Se o espírito é de uma natureza que difere de tudo o que concebemos como matéria, como ele poderia estar ligado a um corpo físico material? Estamos diante do antigo problema da união da alma com o corpo. O problema clássico da ligação mente-corpo. Uma alma imaterial só poderia unir-se a um corpo físico se ela de alguma forma interagisse com ele, mas, para isso, sua natureza teria algo de material.

RENÊ

Você está certo. Por isso, no Espiritismo, o espírito, com a letra "e" minúscula, ou alma, não existe sem um corpo semimaterial, denominado de *perispírito,* um aglomerado de fluidos, ou elementos de algum tipo de matéria, em torno do ser pensante ou alma. A alma, ou espírito, é de uma natureza que não conseguimos entender, diferente de tudo o que concebemos como matéria. Mas, o Espírito, com letra "E" maiúscula, é a união da alma com o perispírito. Assim, o Espírito interage com a matéria por meio do perispírito. Atua sobre ela e sofre dela sua ação.

ESPÍRITO E MATÉRIA

Estou lendo em sua cabeça, Max, a objeção de que com o perispírito o Espiritismo resolve a ligação da alma com o corpo físico, mas o problema da ligação da alma com o perispírito ainda ficaria em aberto. Nisso, você está certo. O Espiritismo encontrou uma solução para o problema do Espírito, por intermédio do seu perispírito, se ligar ao corpo físico material, o que já é um grande avanço. A questão de como a alma (algo que difere da matéria) se une ao perispírito (de natureza material) para formar o Espírito é uma questão que ficará em aberto até compreendermos melhor o que seja o perispírito. Toda ciência contém questões em aberto e que estimulam o seu desenvolvimento. O que se pode dizer é que o perispírito é de uma natureza semimaterial que se modifica com o próprio progresso moral da alma.

ANA
Espera ai! Vocês voltaram a conversar como filósofos. Que história é essa do problema mente-corpo que o Max citou?

MAX
É o nosso mau costume de se expressar como se todos fossem filósofos profissionais. O problema mente-corpo é discutido na filosofia principalmente com as contribuições do grande filósofo Renê Descartes. Descartes definiu a alma como uma substância pensante e o corpo como uma substância extensa. Como substância pensante e não extensa, a alma seria imaterial, já que toda matéria ocuparia um lugar no espaço, por isso a expressão "substância extensa" aplicada aos corpos materiais. Uma

alma não é um corpo. Para simplificar, poderíamos dizer que a alma seria como uma ideia ou pensamento que não ocuparia nenhum espaço em nossas cabeças. A natureza dessa alma seria, portanto, algo imaterial. No homem, para Descartes, a alma se uniria ao corpo formando um novo elemento denominado de *união da alma com o corpo.* O problema mente-corpo surge quando se discute como seria possível a união de duas substâncias tão distintas em suas naturezas.

Para os materialistas, esse problema não existe. Os pensamentos (espírito ou alma) seriam apenas uma propriedade da matéria, não uma nova substância.

PAULO
Como assim uma propriedade da matéria?

MAX
Pense no caso da solidez de um corpo. Um corpo se diz *sólido,* e compreendemos bem o que isto significa, sem que precise existir uma substância chamada *solidez* para se unir ao corpo a fim de que ele seja considerado um corpo sólido. A solidez é apenas uma propriedade, um efeito da matéria de determinados corpos. Não tem existência independente dos corpos. O mesmo podemos dizer da maleabilidade, da aspereza, etc. São propriedades dos corpos que só existem como propriedades desses corpos, não tendo nenhuma existência como substâncias independentes. Para os materialistas, o pensamento ou a mente nada mais é do que uma propriedade do corpo ou do cérebro. O problema mente-corpo pode ser resolvido de

uma forma simples: não há problema mente-corpo. Pois, não há uma mente como algo independente e imaterial que precisaria se unir ao corpo.

RENÊ

Para o Espiritismo, a alma ou espírito não é como uma ideia ou pensamento. O pensamento é uma propriedade da alma, não a própria alma. Isso fica ainda mais claro no seguinte item de *O Livro dos Espíritos:*

> *O pensamento não é a própria alma que se transporta?*
>
> > "Quando o pensamento está em alguma parte, a alma também aí está, pois que é a alma quem pensa. O pensamento é um atributo."[10]

A diferença entre o materialismo e o Espiritismo é que para aquele o pensamento é um atributo do corpo, para este é um atributo da alma. Mas, a alma não é algo imaterial, como uma ideia, o que reproduziria novamente o problema mente-corpo citado. Não se trata de algo imaterial que teria que se unir à matéria. Trata-se de algo que têm uma natureza diferente da matéria que conhecemos, mas que, por ter em torno de si uma substância semimaterial, o perispírito, pode se ligar ao corpo físico por mecanismos físicos ainda desconhecidos. O problema mente-corpo surge porque você não consegue

---

10 O Livro dos Espíritos, item 89 a.

entender como seria possível que algo que não ocupa lugar no espaço, como uma ideia, poderia ser unir a um corpo extenso. No caso da proposta espírita, tanto o Espírito como os corpos são seres existentes no Universo, não são ideias ou propriedades de outros seres.

PAULO

Estava relendo a pergunta *89 a,* que foi citada, e algo me chamou a atenção. Se o pensamento é um atributo da alma, ele só existe na própria alma, como no caso explicado pelo Max da solidez que só existe no corpo sólido. Mas, o que é esse pensamento? E os sentimentos, os desejos, a memória, e todos os outros fenômenos chamados de mentais, o que são eles? São elementos mentais diferentes do pensamento?

MAX

Embora não conheça a obra de Kardec, mas, na filosofia, principalmente em Descartes, se emprega a palavra *pensamentos* para designar todos os tipos de fenômenos mentais. Assim, percepções, sentimentos, desejos, vontade, memória, imaginação, etc., isto é, todos os chamados fenômenos mentais são pensamentos

RENÊ

Esse também é o uso da palavra *pensamentos* na obra de Kardec. Assim, os fenômenos mentais seriam todos propriedades ou atributos da alma, que só existem na alma e nunca fora dela, nem em seu perispírito, pois este ainda é um tipo de matéria.

PAULO

Agora bagunçou a minha cabeça, você quer dizer que não há memória no perispírito, como já li em alguns livros espíritas?

ANA

Se não há memória, não haveria algo como um cérebro no perispírito, sede da memória. Mas, se isso é assim, como se explica que os Espíritos apareçam na forma humana com uma cabeça e demais órgãos?

RENÊ

Entramos agora num ponto muito importante da obra de Kardec. Como vimos, o princípio da não retrogradação da alma tem como consequência que as conquistas intelecto-morais não podem ser destruídas, por isso elas são um patrimônio exclusivo da alma. A memória é o registro de todas essas conquistas. Se a memória fosse destruída, a alma perderia o que alcançou. Logo, a memória não pode estar localizada em um elemento semimaterial como o perispírito. Sabemos que o perispírito se modifica e se transforma, como toda matéria. Não apenas quando o Espírito encarna em outro planeta, nem somente na passagem de uma vida corporal para outra num mesmo planeta, mas, também, durante toda a sua vida corporal, ao longo dos anos. Por meio do passe magnético e da ação de outros Espíritos, bem como por efeito de nossos pensamentos, sentimentos e desejos, nosso perispírito sofre influências e alterações permanentemente. O perispírito é corruptível, a alma não.

Por isso, Kardec nunca atribuiu fenômenos mentais ao perispírito. Ele afirma:

> "O perispírito é o laço que à matéria do corpo une o Espírito; é tirado do meio ambiente, do fluido universal. Participa ao mesmo tempo da eletricidade, do fluido magnético e, até certo ponto, da matéria inerte. Poder-se-ia dizer que é a quintessência da matéria. É o princípio da vida orgânica, porém, **não o da vida intelectual,** que reside no Espírito."[11]

No mesmo item 257, Kardec ainda acrescenta:

> "Ora, não sendo o perispírito, realmente, mais do que simples agente de transmissão, pois que no **Espírito é que está a consciência,** lógico será deduzir-se que, se pudesse existir perispírito sem Espírito, aquele nada sentiria, exatamente como um corpo que morreu."[12]

Fica claro desses textos lidos que o perispírito é algum tipo de matéria e que o Espírito é a sede da vida intelectual e da consciência. Vejamos como o Espírito *Lamennais* deixa claro a natureza variável, ou corruptível, do perispírito e a natureza imutável da alma:

---

11 O Livro dos Espíritos, item 257.

12 Grifos nossos.

ESPÍRITO E MATÉRIA

> "O perispírito pode variar e mudar ao infinito. A alma é o pensamento: **não muda de natureza.** Não vades mais longe, por este lado; trata-se de um ponto que não pode ser explicado. Supondes que, como vós, também eu não perquiro? vós pesquisais o perispírito; nós outros, agora, pesquisamos a alma. Esperai, pois."[13]

ANA

Mas, e a questão dos órgãos no perispírito?

RENÊ

Para sermos mais diretos, vamos ao que Kardec apresenta.

> "Quando vêm visitar-nos, os mais elevados se revestem do perispírito terrestre e então suas percepções se produzem como nos Espíritos comuns de nosso mundo. Todos, porém, assim os inferiores como os superiores, não ouvem, nem sentem, senão o que queiram ouvir ou sentir. **Não possuindo órgãos sensitivos,** eles podem, livremente, tornar ativas ou nulas suas percepções."[14]

---

13 O Livro dos Médiuns, cap. IV, item 51. Grifos nossos.

14 Novamente no item 257, grifos nossos.

Vejam que nesse texto Kardec diz, explicitamente que não existem órgãos sensitivos, mesmo em Espíritos Inferiores. Além disso, ele apresenta um outro argumento contra a existência de órgãos no perispírito. Não possuindo olhos, por exemplo, os Espíritos podem tornar ativa ou nula a sua visão. O que não aconteceria se tivessem olhos. Experimente não enxergar com os olhos abertos! Os órgãos produzem em condições normais, mesmo contra a vontade, as percepções correspondentes. Se o perispírito não tem órgãos o Espírito controla suas percepções com a sua vontade.

Até agora, já temos dois argumentos contra a existência de órgãos no perispírito. O princípio da não-retrogradação da alma, que obriga que todos os fenômenos mentais, percepção, pensamentos, memória, etc., sejam patrimônios da alma e o controle da percepção pela vontade do Espírito.

MAX

Algo mais grave ainda poderia acontecer com as percepções do Espírito, caso elas fossem produzidas por órgãos, como acontece no corpo físico. Sendo o perispírito matéria, os órgãos poderiam ser danificados impedindo a percepção. Assim, seria possível fazer um Espírito ficar cego ou surdo simplesmente danificando os órgãos correspondentes. Pior ainda, se o Espírito tivesse um cérebro perispiritual poderíamos fazê-lo perder todas as memórias, todas as faculdades e conquistas intelectuais ou morais, bastaria danificar esse cérebro, o que seria algo possível dada a natureza material e, portanto, corruptível do perispírito.

ANA

Mas, sendo assim, como explicar que os Espíritos apareçam com a forma humana, tendo cabeça, braços, olhos, ouvidos, etc.?

PAULO

Concordo com a Ana, esse é um fato sobre a aparição dos Espíritos. Além do mais, a forma humana é descrita por vários Espíritos. Nos diversos livros mediúnicos os Espíritos são descritos como tendo a forma humana. Os fatos valem mais do que os argumentos.

RENÊ

Paulo, precisamos entender melhor quais são os fatos sobre os Espíritos e como se deve pensar a coerência entre eles. Os Espíritos disseram mesmo que a forma humana é a forma comum dos Espíritos. Mas também disseram que o perispírito "tem a forma que o Espírito queira."[15]

Além do mais, essa mudança de forma é também um fato comum descrito pelos Espíritos, nas diversas obras de Kardec:

> "Podendo tomar todas as aparências, o Espírito se apresenta sob a que melhor o faça reconhecível, se tal é o seu desejo. Assim, embora como Espírito nenhum defeito corpóreo tenha, ele se mostrará estropiado, coxo, corcunda, ferido, com cicatrizes, se isso for necessário à prova da sua identidade. Esopo, por exemplo, como Espírito, não é disforme; porém, se o evocarem como

---

15 O Livro dos Espíritos, item 95.

Esopo, ainda que muitas existências tenha tido depois da em que assim se chamou, ele aparecerá feio e corcunda, com os seus trajes tradicionais."[16]

Nada mais claro do que o que acabamos de ler sobre a mudança de forma do perispírito por meio da vontade do Espírito. No caso de Esopo, Kardec faz questão de notar que mesmo após ter vivido outras vidas corporais, ele poderia assumir a sua antiga forma de *Esopo,* mesmo que muito tempo tenha passado e outros corpos diferentes tenha habitado.

Após esses argumentos, como conciliar as diversas informações dadas pelos Espíritos?

O que temos até agora é o seguinte:

1. O princípio da não-retrogradação da alma nos obriga a não colocar órgãos com funções mentais no perispírito, nem memória, nem percepção, nem consciência, etc
2. O Espírito pode controlar suas percepções pela vontade, o que não seria possível se dependesse de órgãos materiais.
3. O perispírito assume a forma que o Espírito deseja e como consequência, os órgãos desapareceriam com a mudança de forma.
4. O perispírito assume a forma humana como a forma mais comum.

---

16 O Livro dos Médiuns, 102.

ESPÍRITO E MATÉRIA

Para conciliarmos essas quatro afirmações será suficiente, como veremos, compreender a diferença entre a *forma* e a *função* de um órgão. O órgão dá a função correspondente. A forma é apenas a aparência exterior do órgão, sem a função correspondente. Assim, o perispírito pode apresentar a forma humana, com olhos, boca e ouvidos, mas esses "olhos", essa "boca" e esses "ouvidos", não são órgãos. Não têm a função dos órgãos, como no caso do corpo físico. São apenas aparências ou formas desses órgãos. Não servem para ver, para comer ou falar, nem para ouvir. Os Espíritos não enxergam, falam ou escutam por órgãos, mas por todo o perispírito:

> "Dizendo que os Espíritos são inacessíveis às impressões da matéria que conhecemos, referimo-nos aos Espíritos muito elevados, cujo envoltório etéreo não encontra analogia neste mundo. Outro tanto não acontece com os de perispírito mais denso, os quais percebem os nossos sons e odores, **não, porém, apenas por uma parte limitada de suas individualidades,** conforme lhes sucedia quando vivos. Pode-se dizer que, neles, **as vibrações moleculares se fazem sentir em todo o ser** e lhes chegam assim ao sensorium commune, que é o próprio Espírito, embora de modo diverso e talvez, também, dando uma impressão diferente, o que modifica a percepção."[17]

---

17 O Livro dos Espíritos, item 257, grifos nossos.

Fica claro do texto, que mesmo no caso de Espíritos imperfeitos, cujo perispírito é mais denso, as percepções chegam ao Espírito por todo o perispírito, não de forma localizada ou por meio de supostos órgãos.

Com essa distinção entre forma (aparência) e função de um órgão, todos os fatos sobre a aparência dos Espíritos e os seus mais importantes princípios explicativos, descritos nas obras de Kardec, são coerentes entre si. Se o perispírito tem apenas a aparência de órgãos e não os próprios órgãos, a sua mudança de forma e o controle da percepção pela vontade, bem como o princípio da não retrogradação da alma, podem ser facilmente compreendidos sem nenhuma contradição com os fatos e com os argumentos apresentados.

Para não deixar dúvidas, embora sendo repetitivo, vamos ler mais um texto de Kardec sobre as aparências do perispírito e que confirmam, mais uma vez, a não existência de órgãos no perispírito e que a sua aparência muda com os pensamentos do Espírito:

> "É assim, por exemplo, que um Espírito se faz visível a um encarnado que possua a vista psíquica, sob as aparências que tinha quando vivo na época em que o segundo o conheceu, embora haja ele tido, depois dessa época, muitas encarnações. Apresenta-se com o vestuário, os sinais exteriores — enfermidades, cicatrizes, membros amputados, etc. — que tinha então. **Um decapitado se**

apresentará sem a cabeça. Não quer isso dizer que haja conservado essas aparências, certo que não, porquanto, como Espírito, ele não é coxo, nem maneta, nem zarolho, nem decapitado; o que se dá é que, retrocedendo o seu *pensamento* à época em que tinha tais defeitos, seu perispírito lhes toma instantaneamente as aparências, que deixam de existir logo que o mesmo pensamento cessa de agir naquele sentido. Se, pois, de uma vez ele foi negro e branco de outra, apresentar-se-á como branco ou negro, conforme a encarnação a que se refira a sua evocação e à que se transporte o seu pensamento."[18]

Veja que o texto é absolutamente claro e direto, o perispírito assume as aparências que a vontade do Espírito determina. Observe com atenção o caso citado por Kardec de um decapitado, como ficaria a sua capacidade de pensar, e suas percepções, se elas dependessem de uma suposta cabeça no perispírito?

Os exemplos de Kardec são inúmeros e se encontram em várias de suas obras. Além dessas descrições, como vimos, as conclusões de Kardec se apoiam não apenas nos fatos relatados pelos Espíritos, mas, principalmente, nos argumentos que apresentamos.

18 A Gênese, cap. XIV, item 14, grifos nossos.

SEGUNDO DIÁLOGO

Aqueles que querem propor o contrário daquilo que Kardec apresenta deverão mostrar onde os argumentos que discutimos estão incorretos. Não basta descrever os Espíritos com supostos órgãos, pois descrever sem argumentar contrariamente ao proposto nas obras fundamentais do Espiritismo não é suficiente como refutação ao pensamento de Kardec.

Além do mais, descrição por descrição, é preferível ficar com as descrições dadas nas obras de Kardec, dada a diversidade e a independência das fontes, bem como a superioridade comprovada dos Espíritos que as confirmaram.

ANA

A aparência humana que o perispírito assume é apenas a forma de um ser humano, como num caso de um "boneco" em forma humana. Seria assim?

RENÊ

Num certo sentido, sim. Um "boneco fluídico", mas que é o veículo por meio do qual a alma tem todas as suas percepções. Cabe lembrar que mesmo essa forma humana não é a única que o perispírito pode assumir. Ele pode assumir formas diversas, inclusive de animais ou coisas. Podemos dizer que o perispírito é um corpo fluídico "flexível", ou que muda de forma com a vontade da alma, e é, também, um corpo fluídico "sensitivo", ou que possibilita a interação da alma com o mundo exterior, como fazem os nervos e o cérebro no homem. O perispírito é o veículo das sensações

ESPÍRITO E MATÉRIA

e percepções do Espírito, assim como é o instrumento de interação deste com o mundo material. Mas, as sensações e percepções ocorrem na alma, pois são fenômenos mentais. O perispírito apenas transmite ao espírito, ou alma, os elementos fluídicos que farão com que a alma possa ter suas percepções e sensações.

Como analogia, podemos pensar em um telefone que transmite os sinais que serão interpretados como palavras e pensamentos pelos homens. O telefone, com todos os seus componentes, não armazena ou produz elementos mentais, como percepção, memória ou pensamentos. Estes fenômenos mentais são apenas produzidos e armazenados na alma do homem que recebe a mensagem por meio do telefone. Algo semelhante ocorre com o perispírito e a alma. O perispírito apenas transmite os sinais fluídicos que recebe do mundo exterior, que serão interpretados ou produzidos como fenômenos mentais na alma.

Não adianta contra-argumentar dizendo que os telefones atuais podem armazenar os sons que são produzidos. Esses sons produzidos, assim como tudo aquilo que é armazenado em um computador, são elementos ou propriedades físicas, não são fenômenos mentais. Um livro, um computador, ou outros equipamentos materiais, não armazenam ou produzem fenômenos mentais, esses são patrimônios exclusivos da alma.

Claro que o Max e todos os materialistas vão dizer que os fenômenos mentais são um produto do cérebro. No entanto, essa hipótese materialista não respeita um dos princípios fundamentais do Espiritismo: o princípio da não-retrogradação da alma. Como vimos, esse princípio nos obriga a explicar todos os fenômenos mentais como efeitos de uma alma indestrutível.

PAULO

Fiquei agora com uma outra dúvida. Se não têm órgãos no perispírito, apenas aparência de órgãos, como o perispírito poderia ser o modelador do corpo físico? E mais, como explicar as doenças que são causadas por deformações no perispírito? Um homem que numa vida passada cometeu suicídio, por exemplo, ingerindo um ácido, não nascerá numa nova existência com uma doença no estômago porque danificou o seu estômago do perispírito? Como entender algumas afirmações desse tipo que aparecem em obras mediúnicas?

RENÊ

Você agora consegue respondê-las, Paulo. Se não tem órgãos, tais propostas sobre o perispírito ser o modelador do corpo físico do homem não estão de acordo com o que se encontra nas obras de Kardec. São opiniões pessoais que entram em contradição com o pensamento de Kardec e dos Espíritos que participaram da elaboração das obras fundamentais do Espiritismo. É por isso que os Espíritos afirmaram[19]:

> "O novo corpo que ele toma nenhuma relação tem com o que foi anteriormente destruído."

19 O Livro dos Espíritos, item 217.

Kardec utiliza o verbo "modelar" ou "formar", mas como uma função do Espírito, não do perispírito. Assim, para ele o Espírito pode imprimir certas características ao corpo físico:

> "Se a atividade do Espírito reage sobre o cérebro, deve reagir igualmente sobre as outras partes do organismo. Assim, o Espírito é o artífice de seu próprio corpo, por assim dizer, modela-o, a fim de apropriá-lo às suas necessidades e à manifestação de suas tendências. Assim sendo, a perfeição do corpo nas raças adiantadas seria o resultado do trabalho do Espírito que aperfeiçoa o seu utensílio à medida que aumentam as suas faculdades."[20]

Para não deixar dúvidas sobre como funciona essa capacidade do Espírito de modificar o corpo físico, Kardec explica com mais detalhes esse papel modelador do Espírito sobre o corpo humano:

> "Por uma consequência natural desse princípio, as disposições morais do Espírito devem modificar as qualidades do sangue, dar-lhe maior ou menor atividade, provocar

---

20 Revista Espírita 1869, março, A carne é fraca - Estudo fisiológico e moral.

uma secreção mais ou menos abundante de bile ou de outros fluidos. É assim, por exemplo, que o glutão sente vir a saliva, ou, como se diz vulgarmente, vir água à boca à vista de um prato apetitoso. Não é o alimento que pode superexcitar o órgão do paladar, pois não há contato; é, portanto, o Espírito, cuja sensualidade é despertada, que age pelo pensamento sobre esse órgão, ao passo que, sobre um outro Espírito, a visão daquele prato nada produz. Dá-se o mesmo em todas as cobiças, todos os desejos provocados pela visão. A diversidade das emoções não pode ser compreendida, numa porção de casos, senão pela diversidade das qualidades do espírito. Tal é a razão pela qual uma pessoa sensível facilmente derrama lágrimas; não é a abundância das lágrimas que dá a sensibilidade ao Espírito, mas a sensibilidade do Espírito que provoca a abundante secreção de lágrimas. Sob o império da sensibilidade, **o organismo modelou-se sob esta disposição normal do Espírito, como se modelou sob a do Espírito glutão."**[21]

---

21 Idem.

ESPÍRITO E MATÉRIA

É importante destacar, no texto de Kardec, que o que modela o corpo físico são as disposições morais do Espírito, não o perispírito. São as emoções, os pensamentos, os desejos, etc., produtos da alma, que modificam o corpo físico do homem ao longo do tempo.

Além do que foi dito, Paulo, vamos refletir um pouco mais a respeito de suas questões.

Se observarmos vários criminosos atuais, nas diversas penitenciárias ou fora delas, a maioria deles encontra-se em excelentes condições físicas. Como explicar por que eles não apresentam graves deformações ou doenças em seus corpos físicos? Se aplicarmos o princípio da não-retrogradação da alma, podemos afirmar que a maldade que expressam hoje já existia neles em vidas passadas, caso contrário eles teriam regredido para a vida atual. Se já foram maus no passado, se já cometeram crimes em vidas anteriores, por que essa maldade não produziu deformações em seu perispírito que se refletiriam no corpo atual?

Se olharmos com atenção, vamos encontrar hoje muita maldade em Espíritos que, no entanto, vivem na Terra em corpos físicos bem saudáveis. Como os Espíritos nunca regridem, essa maldade que apresentam hoje já existia neles em vidas anteriores. E, sendo assim, o que houve com as supostas deformações que essas maldades deveriam produzir no perispírito?

A resposta dada por Kardec e pelos Espíritos Superiores que colaboraram na elaboração das obras fundamentais é aquela que já demos acima. Não há órgãos no perispírito que sofreriam deformações como resultado das condutas malévolas.

As doenças são, na maioria das vezes, o resultado das leis biológicas que governam a vida corporal. Não são deformações de supostos órgãos perispirituais.

ANA

Espera aí! Você então quer dizer que não existem doenças que estejam relacionadas com o mal que praticamos anteriormente? Não expiamos no presente o mal que fizemos em vidas anteriores, por meio das dores e sofrimentos físicos que as doenças propiciam?

RENÊ

Vamos com calma. Claro que podemos expiar hoje o mal anteriormente praticado por meio de dores e sofrimentos físicos. Muitas vezes é isso que ocorre. Mas, essas dores e sofrimentos têm suas causas nas leis biológicas que regulam a vida do corpo que foi escolhido pela alma em expiação. Assim, por exemplo, um Espírito pode escolher um corpo físico que terá uma grave doença desde o seu nascimento. Essa doença será o resultado de características biológicas ou hereditárias do corpo que ele escolheu e não de supostas deformações no perispírito. O Espírito, ao escolher o corpo físico que irá habitar, poderia saber que tal doença surgiria necessariamente em sua vida. E essa pode ter sido a forma mais adequada para ele expiar aquele mal praticado. Pode, portanto, ter escolhido uma doença como parte de sua prova ou expiação, mas o que não podemos afirmar é que essa doença seja a consequência de uma suposta deformação no perispírito. Essa doença escolhida seria o resultado apenas das leis biológicas ou hereditárias que regulam a vida do corpo humano.

Assim, um Espírito pode, por expiação, escolher um corpo que sofrerá graves doenças, como pode, também, escolher um corpo saudável. Depende das suas necessidades de provas e expiações. Algumas vezes expiamos o mal do passado em corpos saudáveis, que nos permitem realizar o bem que precisamos fazer, e não na forma de dores e sofrimentos físicos atrozes.

As doenças, quando acontecem conosco sem que sejam o resultado dos nossos abusos atuais ou de acidentes, obedecem às leis biológicas ou hereditárias, bem como dependem de outros elementos como as condições de vida, os hábitos, a família e o meio onde vamos nascer.

Observem que essa explicação é totalmente coerente tanto com os fatos citados de existirem muitos criminosos em corpo saudáveis, como com o princípio da não-retrogradação da alma. Se houvessem deformações nos supostos órgãos do perispírito como consequência das nossas ações no mal, as doenças ou defeitos corporais seriam a única forma de expiar o mal que praticamos no passado. O que contraria os fatos observados na Terra.

Por outro lado, também existem corpos doentes desde o nascimento, por problemas biológicos ou hereditários, que não foram escolhidos por Espíritos como consequência do mal que teriam praticado em vidas passadas. Espíritos podem escolher uma vida corporal de

SEGUNDO DIÁLOGO

dores e sofrimentos físicos como provas de resignação e para nos dar exemplos de como é possível viver, mesmo em situação de muito sofrimento, com fé e equilíbrio moral. Dores e sofrimentos resultados de doenças ou defeitos orgânicos não são sempre expiações, podem ser apenas provas livremente escolhidas pelos Espíritos para apressar o seu progresso moral. Um Espírito bom pode escolher um corpo que vai nascer doente ou com defeitos orgânicos. Mas, se o perispírito fosse o modelador do corpo, o corpo deste Espírito bom deveria ser saudável, não doente ou defeituoso deste o nascimento. Por isso afirma Kardec:

> "Não há crer, no entanto, que todo sofrimento suportado neste mundo denote a existência de uma determinada falta. Muitas vezes são simples provas buscadas pelo Espírito para concluir a sua depuração e ativar o seu progresso. Assim, a expiação serve sempre de prova, mas nem sempre a prova é uma expiação."[22]

Um exemplo claro de um Espírito que escolheu uma vida de sofrimentos como provas, mas não como expiação, encontramos na obra de Kardec: O Céu e o Inferno. É o caso de Victor Lebufle. Ele foi um piloto do porto de Havre, que

---

22 O Evangelho Segundo do Espiritismo, cap. V, item 9.

morreu com a idade de vinte anos, tendo uma vida de lutas e de sofrimentos físicos. Ao comentar sobre esse jovem, diz o Espírito protetor do médium:

"Os sofrimentos suportados durante uma encarnação terrestre não são sempre uma punição. Os Espíritos que, pela vontade de Deus, vêm cumprir uma missão na terra, como aquele que acaba de se comunicar convosco, são felizes por suportar males que, para outros, são uma expiação. O sono os retempera junto do Altíssimo, e dá-lhes a força de suportar tudo para Sua maior glória. A missão deste Espírito, em sua última existência, não era uma missão brilhante; mas embora tenha sido obscura, ele só teve mais mérito por isso, porque não podia ser estimulado pelo orgulho. Ele tinha primeiro um dever de reconhecimento a cumprir para com aquela que foi sua mãe; devia em seguida mostrar que, nos piores meios, podem achar-se almas puras, de sentimentos nobres e elevados, e que com a vontade se pode resistir a todas as tentações. É uma prova de que as qualidades têm uma causa anterior, e seu exemplo não terá sido estéril." [23]

---

23 O Céu e o Inferno, Segunda Parte, Exemplos, Capítulo II - Espíritos felizes, Victor Lebufle.

PAULO

Mas, o Espírito não causa doenças no corpo físico? As doenças dependem apenas das características hereditárias e das leis biológicas relativas ao corpo humano?

MAX

Paulo, acho que o Renê não quis dizer isso. Pois, mesmo para os materialistas, o espírito pode causar doenças no corpo físico. É o caso das chamadas doenças psicossomáticas. A cólera, ou uma tristeza profunda, quando descontroladas, podem alterar a saúde da pessoa produzindo efeitos danosos em vários órgãos corporais.

RENÊ

Além dos casos das doenças psicossomáticas, os distúrbios morais do Espírito encarnado alteram as qualidades dos fluidos que compõem o seu perispírito, podendo produzir doenças no corpo físico. O perispírito reflete as características morais do Espírito. Temos que considerar, também, que os fluidos produzidos pelos Espíritos desencarnados interferem no perispírito do homem.

Allan Kardec deixou claro como as qualidades dos fluidos refletem o mundo moral dos Espíritos, seus pensamentos e sentimentos:

> "Tem consequências de importância capital e direta para os encarnados a ação dos Espíritos sobre os fluidos espirituais. Sendo esses fluidos o veículo do pensamento e podendo este modificar-lhes as propriedades, é evidente que eles devem achar-se impregnados das qualidades boas ou más dos

ESPÍRITO E MATÉRIA

> pensamentos que os fazem vibrar, modificando-se pela pureza ou impureza dos sentimentos. Os maus pensamentos corrompem os fluidos espirituais, como os miasmas deletérios corrompem o ar respirável. Os fluidos que envolvem os Espíritos maus, ou que estes projetam são, portanto, viciados, ao passo que os que recebem a influência dos bons Espíritos são tão puros quanto o comporta o grau da perfeição moral destes."[24]

São principalmente as doenças causadas por fluidos malévolos que podem ser tratadas por meio dos chamados *passes magnéticos.*

Os Espíritos podem, alterando as qualidades dos fluidos que compõem o perispírito, produzir doenças no corpo físico ou curá-las. Mas, a explicação das causas ou das curas dessas doenças, para Kardec, não é por meio de supostos órgãos doentes ou danificados do perispírito. Não há órgãos no perispírito para serem danificados ou curados. São os fluidos do perispírito, com suas qualidades dadas pelos Espíritos dos encarnados e dos desencarnados, que podem causar ou curar doenças no corpo físico.

PAULO

Nesse caso, como ficam as chamadas cirurgias espirituais? Não são realizadas sobre os órgãos do perispírito e, dessa forma, podem curar o corpo?

---

24 A Gênese, cap. XIV. Item 16, grifos nossos.

RENÊ

Temos, pelo menos, duas possibilidades de explicação, mantendo a coerência com aquilo que Kardec e os Espíritos Superiores ditaram em suas obras.

Primeira possibilidade, as chamadas *cirurgias espirituais* poderiam ser compreendidas como uma interferência direta dos Espíritos sobre o próprio corpo físico do paciente, utilizando de recursos análogos ao que ocorre nos chamados fenômenos de efeitos físicos, em que os Espíritos atuam sobre a matéria combinando seus fluidos com os fornecidos pelos homens. Isto é, por uma ação direta sobre os órgãos danificados do corpo físico, não sobre o perispírito.

Um exemplo notável dessa ação dos Espíritos diretamente sobre os órgãos do corpo humano, encontramos na Revista Espírita.[25] A médium Sra. Maurel sofre uma queda, quebrando o antebraço, um pouco abaixo do cotovelo. O Espírito, Dr. Demeure, consegue efetuar a cura. Leiamos a descrição do fato:

> "Na noite do mesmo dia, alguns adeptos convocados pelos Espíritos reuniram-se em casa da Sra. Maurel que, adormecida por um médium magnetizador, não demorou a entrar em estado sonambúlico. Então o Dr. Demeure continuou o tratamento que havia iniciado pela

---

25 Revista Espírita 1865 - Setembro - Cura de uma fratura.

manhã, agindo mecanicamente sobre o braço fraturado. Imediatamente, sem outro recurso aparente além de sua mão esquerda, nossa doente rapidamente havia tirado o primeiro aparelho, deixando apenas as faixas, quando vimos insensivelmente, sob a influência da atração magnética espiritual, o membro tomar diversas posições, próprias para facilitar a redução da fratura. Parecia, então, ser objeto de toques inteligentes, sobretudo no ponto onde devia operar-se a soldadura dos ossos; depois se alongava, sob a ação de trações longitudinais.

Após alguns instantes dessa magnetização espiritual, a Sra. Maurel procedeu sozinha à fixação das faixas e a uma nova aplicação do aparelho, que consistia em duas tabuinhas ligadas entre si e ao braço por meio de uma correia. Tudo, pois, se havia passado como se um hábil cirurgião tivesse, ele próprio, operado visivelmente; e, coisa curiosa, ouvia-se durante o trabalho estas palavras que, sob a constrição de sua dor, escapavam da boca da paciente: "Não aperte tanto!... Vós me maltratais!..." Ela via o Espírito do doutor e era a ele que se dirigia, suplicando poupar sua sensibilidade. Era, pois, um ser invisível para

SEGUNDO DIÁLOGO

todos, exceto para ela, que lhe fazia apertar o braço, servindo-se inconscientemente de sua própria mão esquerda.

Qual o papel do médium magnetizador durante esse trabalho? Aos nossos olhos ele parecia inativo, entretanto, com sua mão direita apoiada na espádua da sonâmbula, contribuía com sua parte para o fenômeno, pela emissão de fluidos necessários à sua realização."

Fica claro dessa nossa leitura do fato, que o Espírito atuou sobre o próprio corpo físico da paciente. Foi, portanto, uma ação sobre a matéria, sobre o braço doente, utilizando-se de fluidos fornecidos pelos encarnados.

Segunda possibilidade, os Espíritos podem atuar sobre os fluidos do perispírito do paciente, dando a esses fluidos as qualidades necessárias para o alívio ou o tratamento de determinadas doenças. Algo análogo ao que é feito por meio da mediunidade de cura. Ao mudar a qualidade dos fluidos do perispírito do paciente, por uma ação fluídica adequada, o corpo físico poderia ser curado. Veja como explica Kardec:

"São extremamente variados os efeitos da ação fluídica sobre os doentes, de acordo com as circunstâncias. Algumas vezes é lenta e reclama tratamento prolongado, como no magnetismo ordinário; doutras vezes é rápida, como uma

ESPÍRITO E MATÉRIA

corrente elétrica. Há pessoas dotadas de tal poder, que operam curas instantâneas nalguns doentes, por meio apenas da imposição das mãos, ou, até, exclusivamente por ato da vontade. Entre os dois polos extremos dessa faculdade, há infinitos matizes. Todas as curas desse gênero são variedades do magnetismo e só diferem pela intensidade e pela rapidez da ação. O princípio é sempre o mesmo: **o fluido, a desempenhar o papel de agente terapêutico** e cujo efeito se acha subordinado à sua qualidade e a circunstâncias especiais."[26]

Resumindo, que os Espíritos possam, por meio de recursos mediúnicos ou fluídicos, curar pessoas doentes, é um fato. Entretanto, a explicação sobre a forma como atuam no corpo físico do paciente deve ser coerente com todos os princípios já estabelecidos nas obras de Kardec. Não há necessidade nenhuma de se supor órgãos no perispírito para a explicação dos fenômenos espíritas de cura conhecidos.

PAULO
Fiquei pensando, mesmo que o perispírito não tenha órgãos, ele ainda é um corpo para o Espírito. Sendo um tipo de corpo, embora fluídico, ele não deveria existir como alguma coisa independente do Espírito? O nosso

A Gênese, cap. XIV, item 32, grifos nossos 26.

corpo material continua existindo por um tempo, mesmo que nenhum Espírito esteja ligado a ele. Acontece o mesmo com o perispírito? O perispírito existe, durante um determinado tempo, mesmo sem estar unido a um espírito? Há perispírito sem espírito?

RENÊ

Os fluidos que compõem o perispírito, formados da matéria básica universal ou fluido universal, existem de forma independente do espírito. É o que se pode concluir desta questão de O Livro dos Espíritos:

> 94. *De onde tira o Espírito o seu envoltório semimaterial?*
>
>> "Do fluido universal de cada globo, razão por que não é idêntico em todos os mundos. Passando de um mundo a outro, o Espírito muda de envoltório, como mudais de roupa."

No entanto, o perispírito deve ser entendido como um aglomerado de fluidos em torno do espírito ou alma. Não se deve confundir esse envoltório do Espírito com os fluidos que o formam. Os fluidos, em si mesmos, não possuiriam as mesmas propriedades que apresentam quando estão em torno da alma formando seu perispírito, pois adquirem suas qualidades dela. Como a própria palavra *perispírito* quer dizer, trata-se de um envoltório em torno da parte pensante do Espírito: a alma ou espírito com letra "e" minúscula. Kardec deixa isso claro:

93. *O Espírito, propriamente dito, nenhuma cobertura tem, ou, como pretendem alguns, está sempre envolto numa substância qualquer?*

> "Envolve-o uma substância, vaporosa para ti, mas ainda bastante grosseira para nós; assaz vaporosa, entretanto, para poder elevar-se na atmosfera e transportar-se aonde queira."

> "Envolvendo o gérmen de um fruto, há o perisperma; do mesmo modo, um envoltório que, por comparação, se pode chamar *perispírito*, envolve o Espírito propriamente dito."

O perispírito, ou a substância que envolve o espírito, só deve existir em torno da alma, formando com esta o Espírito. O Espírito é assim um todo formado de alma mais o perispírito. Cada uma dessas duas partes, perispírito e alma, não existiriam separadamente. Kardec deixa isso claro no seguinte texto:

> "A alma não se reveste do perispírito apenas no estado de Espírito; ela é **inseparável desse envoltório,** que a segue tanto na encarnação quanto na erraticidade. Na encarnação, ele é o laço que a une ao envoltório corporal, o intermediário com cujo auxílio ela age sobre os órgãos e percebe as sensações das coisas exteriores. Durante a vida, o fluido perispiritual identifica-se com o corpo,

cujas partes todas penetra; com a morte, dele se desprende; privado da vida, o corpo se dissolve, mas o perispírito, **sempre unido à alma,** isto é, ao princípio vivificante, não perece; a alma, em vez de dois envoltórios, conserva apenas um: o mais leve, o que está mais em harmonia com o seu estado espiritual.[27]

Destacamos duas frases no texto que acabamos de ler. A primeira nos diz que a alma é inseparável do perispírito. Não há alma sem perispírito. A segunda afirma que o perispírito está sempre unido à alma, isto é, ele é inseparável dela. Não há perispírito sem alma. Assim, podemos concluir que *não há Espírito sem perispírito, nem perispírito sem Espírito.*

PAULO

Lembrei agora de ter lido, não me recordo em que livro, um relato de um Espírito que disse que deixou o seu perispírito enquanto dormia e se viu em um outro lugar. Isso seria possível? Como explicar?

RENÊ

Deixar o perispírito em um lugar e aparecer em outro, não estaria de acordo com o que acabamos de discutir. Para

---

27 Revista Espírita 1866 - Março - Introdução ao estudo dos fluidos espirituais.

aparecer em qualquer lugar o Espírito precisaria de seu perispírito. Não há como um Espírito se deslocar no espaço ou interagir no mundo material ou espiritual sem o perispírito.

Sobre a possibilidade do sono de um Espírito contida na sua pergunta, podemos ler um relato curioso e instrutivo de um Espírito:

> "Há alguns dias senti uma espécie de torpor apoderar-se de meu Espírito, e embora conservando a consciência de mim mesmo, senti-me transportado no espaço; quando cheguei a um lugar que para vós não tem nome encontrei-me numa reunião de Espíritos que em vida tinham adquirido alguma celebridade pelas descobertas que haviam feito.
>
> Lá fiquei muito surpreso ao reconhecer nesses anciãos de todas as idades, nesses nomes de todas as épocas, uma semelhança perispiritual comigo. Perguntei-me o que tudo aquilo significava; dirigi-lhes as perguntas que me sugeria a minha posição, mas minha admiração foi ainda maior, ouvindo-me responder a mim mesmo. Voltei-me, então, para eles, e encontrei-me só."[28]

O próprio Espírito que relatou o fato, numa comunicação dada no dia seguinte, deu a seguinte explicação:

---

28 Revista Espírita, Junho de 1866, Visão retrospectiva das várias encarnações de um Espírito.

SEGUNDO DIÁLOGO

"Quando meu Espírito sofreu uma espécie de entorpecimento, eu estava, por assim dizer, magnetizado pelo fluido de meus amigos espirituais; por uma permissão de Deus, daí devia resultar uma satisfação moral que, dizem eles, é a minha recompensa e, ademais, um encorajamento para marchar num caminho que meu Espírito percorre há um bom número de existências.

"Eu estava, pois, adormecido num sono magnético-espiritual; vi o passado formar-se num presente fictício; reconheci individualidades desaparecidas na esteira do tempo, ou melhor, que tinham sido um mesmo indivíduo...

"Nesse sono, vi os diferentes corpos que meu Espírito animou em algumas encarnações e todos trabalharam na ciência médica, sem jamais se afastar dos princípios que o primeiro havia elaborado. Esta última encarnação não era para aumentar o conhecimento, mas simplesmente para praticar o que ensinava a minha teoria."[29]

---

29 Revista Espírita, Junho de 1866, Visão retrospectiva das várias encarnações de um Espírito.

A explicação deixa claro que se tratava de uma ação magnética que levou o Espírito a ver em si mesmo, na sua memória, o seu próprio passado. Pôde ver a si mesmo em outras existências. Não houve, como não poderia haver, nenhum deslocamento espacial sem o perispírito.

O Espírito disse que se sentiu transportado pelo espaço e chegando em algum lugar. Vimos, no entanto, que isso foi uma ilusão provocada pelo sono, não a realidade. Devemos tomar cuidado para não interpretarmos os relatos dos Espíritos ao pé da letra. Na dúvida quanto à realidade de um relato, por ele entrar em choque com os princípios já bem estabelecidos, devemos sempre pedir uma explicação aos Espíritos.

Houve uma espécie de sono. Mas, o Espírito não deixou o seu perispírito durante este tipo de sono espiritual. Não é um sono similar ao que acontece no caso do homem que, ao dormir, deixa o seu corpo material e sai pelo espaço como Espírito livre.

ANA

Muito legal! Penso que entendo melhor agora o que é o Espírito e quais são as propriedades fundamentais do perispírito. Se não há mais dúvidas sobre o tema discutido, podemos mudar de assunto? Gostaria de retomar aquela dúvida que levantei anteriormente. Sobre o que se quer dizer com a afirmativa de que a razão dá ao homem o livre-arbítrio. Não é o livre-arbítrio um patrimônio da vontade?

PAULO

Oba! Estava com essa dúvida na ponta da língua. Estamos em sintonia, Ana.

RENÊ

Só temos um problema, o avançar da hora. Essa é uma questão que vai demandar um bom tempo. Já está anoitecendo. Daqui a pouco será servido o jantar. Vamos deixar para depois do jantar, ok?

MAX

Sim, assim ainda podemos tomar um banho antes do jantar.

RENÊ

Até depois do jantar...

TERCEIRO
diálogo

3

TERCEIRO DIÁLOGO

Todos se reencontram novamente após o jantar.

RENÊ

Estamos de volta. Tratemos da pergunta da Ana sobre o livre-arbítrio. É bom, inicialmente, recordar o contexto de sua pergunta. No item 75 a, da obra de Kardec, *O Livro do Espíritos*, os Espíritos afirmam que "a razão permite a escolha e dá ao homem o livre-arbítrio." Assim, a questão é: por que a razão dá o livre-arbítrio? Não é o livre-arbítrio um patrimônio da vontade? O que tem a razão a ver com o livre-arbítrio? Para respondermos, precisamos discutir o conceito tão importante de *liberdade*. Vamos aproveitar a presença do Max para que a filosofia possa nos ajudar.

ESPÍRITO E MATÉRIA

MAX

Na filosofia, podemos pensar a liberdade humana em, pelo menos, três formas principais: a *liberdade de agir* (ou *liberdade de ação*), a *liberdade de pensar* (ou *liberdade da razão*); e a *liberdade de querer* (ou *liberdade da vontade*).

Somos livres para agir quando podemos fazer aquilo que queremos. Quando nada ou ninguém nos impede de agir. Essa liberdade de ação é relativa, sempre limitada, tanto pelas leis naturais, quanto pelas leis humanas.

Experimente voar, simplesmente querendo e pulando no ar! As leis naturais relativizam a nossa liberdade de ação, impondo limites e condições.

Num estado de direito, sob o império das leis humanas, minha liberdade de ação acaba onde começa a dos outros. É a chamada liberdade política ou legal, regulada pelas nossas leis, que estabelecem o que podemos ou não podemos fazer na vida social e quais as suas consequências.

Não podemos fazer tudo o que queremos. Nossas ações, frequentemente, dependem não apenas da nossa vontade, mas de outras condições que não controlamos. Estamos submetidos às leis sociais, às leis da física, da química, da biologia, da economia, etc. Nossa liberdade de ação é, portanto, sempre limitada, sempre relativa, e por isso deve ser defendida e conquistada.

Nossa liberdade de pensar é infinita, no sentido de que podemos ter uma infinidade de pensamentos e ideias. Nosso pensamento, nossa imaginação, vagam ao infinito. Nada, parece, lhes impõem barreiras ou limites.

No entanto, mesmo o pensamento tem suas

próprias leis, leis da lógica e da razão. Vejam, por exemplo, o princípio de identidade: *A é A, qualquer coisa é igual a si mesmo* (ou seja, "Sócrates é Sócrates"); ou o princípio de não-contradição: *nenhum enunciado pode ser verdadeiro e falso ao mesmo tempo* (ou seja, somente um desses dois enunciados é verdadeiro: "Sócrates é homem" ou "Sócrates não é homem"). Assim, o pensamento ou a razão tem, também, suas próprias leis. Nossa liberdade da razão não é, portanto, absoluta. Experimente, por exemplo, argumentar sem obedecer a esses dois princípios lógicos citados.

Considere, por exemplo, esse simples e correto argumento clássico: *"Todos os homens são mortais. Sócrates é homem. Logo, Sócrates é mortal."* Se não aceitarmos o princípio de identidade, por exemplo, que "Sócrates é Sócrates", podemos facilmente recursar esse argumento correto e qualquer outro. Para ver isso, suponha que seja falso o enunciado "Sócrates é Sócrates". Logo, podemos considerar que o Sócrates do enunciado da premissa do argumento citado (Sócrates é homem), não seja o mesmo Sócrates citado na conclusão daquele argumento (Sócrates é mortal). Assim, não sendo o mesmo Sócrates, a conclusão não decorreria mais das premissas e o argumento deixaria de ser correto. Um raciocínio semelhante pode ser utilizado no caso da violação do princípio de não-contradição. Assim, a aceitação da verdade desses dois princípios lógicos impõe limites à liberdade da razão.

Por outro lado, a verdade, quando a conhecemos, se impõe à razão. Dois mais dois é igual a quatro, quer queiramos ou não. Nosso pensamento ou nossa razão se submete livremente ao verdadeiro. Não escolhemos a verdade, mas nos submetemos a ela livremente. A verdade é a mesma para todo sujeito que a conhece. Ninguém, nem nada, a não ser a própria verdade, quando conhecida, pode nos obrigar a aceitá-la. Basta conhecê-la para ser libertado de si, ao menos em parte. A verdade não obedece a ninguém ou só obedece a si própria, por isso ela é livre e nos liberta. A razão, que existe em todos nós, não pertence a ninguém em particular, e só se submete a si mesma. É o que os filósofos chamam de liberdade do espírito ou da razão.

A liberdade da vontade tem um duplo sentido: *espontaneidade do querer e livre-arbítrio*. A espontaneidade do querer é definida como o **poder determinado de se determinar a si próprio**. Quero o que quero. Querer, é querer o que se quer. É a vontade em ato, no presente. Assim, a vontade é livre, ninguém pode me impedir de querer, nem querer em meu lugar. Absolutamente livre? Claro que não, nossa vontade, nesse sentido de espontaneidade do querer, depende de nós, daquilo que somos, pois somos nós que escolhemos. É a liberdade relativa da vontade no sentido de Epicuro, Aristóteles e Espinosa.

Entretanto, podemos querer outra coisa que não o que queremos? Podemos querer outra coisa que não dependa daquilo que somos? Nossa vontade é absolutamente livre, no sentido de que ela de nada depende, nem de nós mesmos? Para que a vontade fosse absolutamente livre, o sujeito teria que preexistir, paradoxalmente, ao que ele é. Sua vontade não obedeceria ao princípio de causalidade. Ela não dependeria do que ele é. É como alguns filósofos definem o *livre-arbítrio*. Nesse sentido, o livre-arbítrio seria *o* **poder indeterminado** *de se determinar a si próprio*. É a liberdade absoluta da vontade. É a liberdade da vontade segundo Descartes, Kant e Sartre.

Observe que a diferença fundamental entre os dois sentidos de liberdade da vontade, espontaneidade do querer e livre-arbítrio, pode ser explicada pelas diferenças entre as duas expressões: *poder determinado e poder indeterminado.*

No caso da espontaneidade do querer, nossa vontade é um poder que é **determinado** por aquilo que somos. Somos nós que escolhemos, ninguém escolhe em nosso lugar, mas nossa escolha depende daquilo que somos. Somos a causa da nossa vontade.

No caso do livre-arbítrio esse poder é **indeterminado,** não é o que somos que determina a nossa vontade. Nossa vontade seria assim, absolutamente livre. Inexplicavelmente livre, pois nenhuma causa determinaria a nossa vontade. Ela não respeitaria o princípio de causalidade. Nossa vontade de nada dependeria, nem de nós mesmos. Nossa vontade seria um mistério.

Aí está uma breve síntese daquilo que na filosofia se costuma dizer sobre esses três principais conceitos de liberdade.

ANA

Nossa!! Nem respirei. Minha vontade foi interrompê-lo, mas como pude controlá-la de alguma forma, esperei você acabar a sua exposição. Agora...

MAX

Desculpe-me interrompê-la, Ana, mas meu lado de filósofo é incontrolável, rss.

Você deveria ter dito assim "meu desejo foi interrompê-lo" e não "minha vontade foi interrompê-lo". Para uma maior precisão, alguns filósofos fazem uma distinção entre as expressões *desejo e vontade.* A vontade é o desejo em ato, isto é, no presente. O desejo que acontece, no momento que acontece. Toda vontade é desejo, mas nem todo desejo é vontade. O desejo, com explica Espinosa, é a força que nos move e nos comove, é a nossa potência de existir, sentir e agir. Não se pode suprimir o desejo, só se pode transformá-lo ou orientá-lo.

Se você quis me interromper e não o fez, este seu querer foi um desejo que não se realizou. Ele não foi uma vontade. A palavra *querer* ora expressa um desejo, ora uma vontade. O desejo se dirige ao futuro. A vontade é sempre no presente, no ato. Querer, como vontade, é querer em ato. Querer, como desejo, é um projeto, uma esperança. Por isso, podemos desejar várias coisas ao mesmo tempo, mesmo contraditórias: levantar-se e ficar sentado, falar ou não falar. Mas, só podemos querer, como vontade, uma delas. Se quero falar, falo. Se quero me levantar, me levanto.

Obrigado Ana, pode continuar agora.

ANA

Adorei! Pode interromper sempre, assim vou aprendendo um pouco mais com os cuidados da filosofia. Vamos...

RENÊ

Ana, agora sou eu que vou interromper. Ao tratar da liberdade da razão, o Max afirmou que o nosso pensamento ou imaginação "vagam ao infinito", isso me lembra o item 2, de O Livro dos Espíritos, que aborda o significado de *infinito*. Anotem para tratarmos desse conceito mais adiante. Quero, também, aproveitar que o Max apresentou as diferenças entre desejo e vontade para pedir para vocês anotarem duas outras perguntas que nos ajudarão a entender o pensamento de Kardec e que se relacionam com esses conceitos. Iremos tratar delas mais tarde, depois dessa nossa discussão. Por que Allan Kardec e os Espíritos usaram o conceito de desejo do bem para caracterizar os Espíritos Bons, na Escala Espírita? Por que os Espíritos disseram a Kardec, no item, 909 de O Livro dos Espíritos, que o que falta ao homem, para vencer as suas más inclinações, é a vontade?

Utilizaremos, para abordarmos essas perguntas, as contribuições do Max e da filosofia sobre as noções de desejo e vontade.

Obrigado, Ana! Pode prosseguir.

PAULO

Já anotei as três perguntas.

ANA

Eu também. Vamos lá! Tenho algumas dúvidas. Não entendi o que você quis dizer quando afirmou que a verdade nos liberta. Se entendi bem, a verdade é livre no sentido

ESPÍRITO E MATÉRIA

de que ela não depende de nada, nem de ninguém. Nada pode obrigá-la a ser aquilo que não é. A verdade, como já foi discutido antes, é o que é. E o que é, é, ponto final. Que estamos aqui e agora conversando sobre filosofia, é o que é. E isso é verdade hoje, como o será amanhã. Nada, nem ninguém, pode mudar esse fato.

Que a verdade seja livre, ficou claro. Mas em que sentido ela nos liberta? Já não somos livres? Nossa liberdade depende de nossa vontade. A verdade é independente da vontade. Não vejo como algo que não dependa da vontade possa nos libertar.

Max, quais as implicações mais relevantes para você ao se aceitar um ou outro dos dois sentidos de liberdade da vontade: espontaneidade do querer e livre-arbítrio? Além das diferenças no que diz respeito ao princípio de causalidade, que outras diferenças são relevantes para você?

Renê, para o Espiritismo, qual desses dois sentidos é o sentido de liberdade da vontade? O livre-arbítrio que aparece nas obras de Kardec têm um sentido diferente desses que foram apresentados pelo Max?

PAULO

Nossa! Ana, eu estou com as mesmas dúvidas. No entanto, a dúvida que mais me incomoda é a primeira. Como entender essa capacidade da verdade de nos libertar de nós mesmos. Sei que há uma relação entre verdade e liberdade, que se encontra no pensamento do Cristo. Quando Jesus nos disse: "Conhecereis a verdade e a verdade vos libertará"[30]. Sempre interpretei este pensamento como dizendo que o conhecimento nos dá novos recursos, novas possibilidades de escolha e ação.

Quando descobrimos as leis fundamentais da física, fomos capazes de escolher e fazer coisas que antes seriam impossíveis. Hoje com o conhecimento e suas consequências tecnológicas, somos capazes de percorrer o espaço em alta velocidade, de visitar outros continentes, outros mundos, de curar várias doenças, de falar instantaneamente com pessoas distantes, etc. Tantas escolhas e ações novas, que só se tornaram possíveis com a descoberta das verdades da ciência e da tecnologia. Assim, a verdade, uma vez conhecida, nos permite ultrapassar as limitações aparentes que o mundo real nos impõem, ampliando a nossa liberdade de ação.

Agora, não consigo imaginar uma interpretação diferente desta. Portanto, estou ansioso para entender como a verdade pode nos libertar de nós mesmos.

ANA

Interessante essa sua interpretação do pensamento do Cristo sobre a verdade. Sempre ouvi uma interpretação diferente, principalmente por parte de alguns religiosos: Jesus é a verdade. Conhecer a verdade, seria a mesma coisa que conhecer Jesus. Aquele que conhece Jesus se liberta deste mundo de dores e sofrimentos, podendo

---

30 Novo Testamento, João, 8:32.

ESPÍRITO E MATÉRIA

se encontrar com ele na vida após a morte. Assim, ao conhecer a verdade, que é Jesus, nos libertamos deste mundo material.

RENÊ

Muito bem, Ana e Paulo, suas perguntas são provocativas. Acho que é justo que o Max responda primeiro às perguntas de vocês. Depois entrarei na discussão no que diz respeito ao Espiritismo.

MAX

É a liberdade da verdade que vai nos permitir entender o seu papel libertador. Cada uma das nossas escolhas, se adotarmos a concepção de espontaneidade do querer, depende daquilo que nós somos no momento da escolha. Usando as noções de causa e efeito, podemos dizer que nossas escolhas são um efeito cujas causas se encontram em nós mesmos, no nosso mundo interior de pensamentos, sentimentos e desejos. É aquilo que somos que causa as nossas escolhas. Nossa vontade é um efeito cujas causas estão dentro de nós, na nossa natureza interior. Para que a nossa vontade possa mudar, precisaríamos mudar aquilo que somos. Pois para mudar os efeitos seria preciso mudar as causas.

Considere, por exemplo, o som produzido por um sino ou por um certo instrumento musical. O som carrega em si as características da fonte que o produziu. Isso é tão evidente que podemos identificar o sino ou o instrumento musical a partir das características do som produzido. Se quisermos mudar as características do som produzido, precisamos alterar a natureza do sino ou do instrumento musical.

Como mudar a nós mesmos? Você poderá dizer: usando a própria vontade. Mas como fazer isso, dado que a vontade já é um efeito daquilo que somos? Como usar o efeito para mudar a própria causa? Nossa vontade sendo um efeito do que somos não poderá sozinha mudar o que somos. Seria como tentar alterar a natureza de um instrumento musical, mudando o som que ele produz. O som que se produz permanecerá sempre o mesmo enquanto a fonte permanecer inalterada. As mesmas causas produzem os mesmos efeitos. Somos como que prisioneiros de nós mesmos. Sempre determinados pelo que somos.

Ao depender de nós, nossa vontade é, sozinha, insuficiente para mudar o que somos. Não se pode mudar o que se é apenas utilizando daquilo que se é. Se sou assim, sou assim. Só posso mudar o que quero, mudando o que sou. Pois é alterando as causas que mudamos os efeitos, e não o contrário.

Como resolver o problema? Se preciso mudar o que sou, necessito de alguma coisa que não dependa do que sou para fazer tal mudança. É aí que entra a verdade. A verdade não depende do que sou, nem da minha vontade. Ela é o que é, independente de nós e de nossa vontade. Nossa razão, que é patrimônio de todos, sem pertencer exclusivamente a ninguém, é essa janela que se abre à verdade. A verdade, quando a conhecemos, nos torna diferentes. A vontade sozinha é insuficiente para a nossa mudança interior, mas com o auxílio da verdade essa mudança se faz possível. Cada vez que um novo conhecimento da verdade é adquirido, ficamos diferentes,

ESPÍRITO E MATÉRIA

já não somos mais o mesmo. Ao mudar o que sou, a verdade permite novos desejos e, portanto, novas vontades. Ao conhecer a verdade nos libertamos daquilo que somos, porque já não seremos mais o mesmo.

Concluindo, como disse no início, é pelo fato da verdade ser livre, não dependendo de nada nem de ninguém, que ela é, ao mesmo tempo, libertadora. Liberta o homem de si mesmo, pela mudança que promove no nosso mundo interior, em nossos pensamentos, sentimentos e desejos.

Ficou claro?

RENÊ

Posso acrescentar ainda, aproveitando do que foi dito pelo Max, que aí está a explicação para a pergunta 75, item *a*, que deu início a toda essa discussão. Lembrem que os Espíritos disseram que "a razão permite a escolha e dá ao homem o livre-arbítrio."

A razão é essa capacidade do espírito de conhecer a verdade, de forma totalmente livre. A razão não obedece a ninguém, ou só obedece a si mesma. A razão é esse recurso universal, dado por Deus para todos os Espíritos. Sem a razão permaneceríamos prisioneiros de nós mesmos. Somente ela permite novas possibilidades de escolha, pelo conhecimento da verdade, dando ao homem a liberdade da vontade ou o livre-arbítrio.

MAX

Só não ficou claro para mim, qual o significado da expressão "livre-arbítrio" que aparece nessa questão 75 *a*.

ANA

Essa era uma das perguntas que fiz anteriormente, lembram? Qual o significado da palavra "livre-arbítrio" utilizada nas obras de Kardec?

RENÊ

Rapidamente, podemos dizer que o sentido é o de espontaneidade do querer, ou da vontade como efeito daquilo que nós somos. Aquele primeiro sentido de liberdade da vontade apresentado pelo Max e que obedece ao princípio de causalidade.

Kardec e os Espíritos Superiores que o ajudaram adotam o princípio de causalidade como um princípio fundamental para o processo explicativo. Isso fica claro já no item 4, de O Livro dos Espíritos:

> 4. *Onde se pode encontrar a prova da existência de Deus?*
>
> "Num axioma que aplicais às vossas ciências: Não há efeito sem causa. Procurai a causa de tudo o que não é obra do homem e a vossa razão responderá."

A importância para Kardec do princípio de causalidade fica ainda mais evidente no uso que ele faz, em toda a sua obra, de um caso especial deste princípio: *"todo efeito inteligente há de ter uma causa inteligente"*.[31]

---

31 O Livro dos Espíritos, Conclusão, item IX.

ESPÍRITO E MATÉRIA

Kardec utiliza essa formulação do princípio de causalidade na explicação dos fenômenos espíritas.

A vontade, como qualquer fenômeno, deve respeitar o princípio de causalidade para ser explicada e compreendida.

É muito importante deixar claro que a expressão *livre-arbítrio* é utilizada aqui, em nossa discussão, em dois sentidos diferentes. Conforme o sentido que Max nos apresentou, é a liberdade absoluta da vontade. No texto de Kardec o sentido é outro. O livre-arbítrio é a liberdade relativa da vontade, não mais absoluta, e que respeita o princípio de causalidade. É o que o Max chamou de *espontaneidade do querer.*

PAULO

Entendo o uso da causalidade na obra de Kardec. Mas, como é sempre afirmado que o homem tem o livre-arbítrio de seus atos, é possível ter outra justificativa que não deixaria dúvidas sobre o significado do livre-arbítrio em Kardec? Por que a vontade não seria uma exceção à este princípio de causalidade? Por que Kardec e os Espíritos não utilizaram o conceito de livre-arbítrio de Descartes e Kant, que eram filósofos mais próximos dos espiritualistas, mas sim o de Espinosa, que era mais próximo dos materialistas?

MAX

Antes de deixar o Renê falar, acho que seria conveniente explicar primeiro outras diferenças entre os dois conceitos de liberdade da vontade, espontaneidade do querer e livre-arbítrio, ao mesmo tempo em que eu responderia às questões da Ana, que ficaram em aberto.

A liberdade como livre-arbítrio aparece na obra de Descartes. Seu conceito de livre-arbítrio pode ser usado como uma tentativa de responder ao problema da origem do mal moral. O mal existe e deve ter uma causa. Sendo Deus soberanamente justo e bom, o mal não poderia ter sido por Ele criado. O mal deve ser obra do homem. Mas, se o homem foi criado por Deus, como escapar da consequência de que o homem criaria o mal a partir daquilo que ele é, daquilo que Deus colocou nele ao criá-lo? Se a vontade fosse um efeito daquilo que o homem é, da sua natureza, o homem escolheria o mal como resultado de sua origem. Assim, se Deus não criou o mal, ele teria criado, pelo menos, a causa do mal, ao colocar no homem uma natureza que determina uma vontade má. Uma saída para esse impasse é a noção de livre-arbítrio como liberdade absoluta da vontade. Deus criou o homem com uma liberdade absoluta, ou livre-arbítrio, que permite que ele seja o único responsável por suas próprias escolhas. Ele escolhe de forma absolutamente livre. Sua vontade é independente de sua natureza. Não é o que Deus colocou nele, em sua natureza, ao criá-lo, que o faz escolher. O que determina então a sua escolha? Se não é o que constitui a sua natureza que determina a sua vontade, então como explicar as suas escolhas? Não sabemos, por isso esse conceito de livre-arbítrio é um mistério. Ele não respeita o princípio de causa e efeito. Salva-se Deus de ter criado o mal, mas essa vontade humana absolutamente livre não pode ser explicada ou compreendida.

ESPÍRITO E MATÉRIA

Diferentemente, a vontade como espontaneidade do querer pode ser explicada e compreendida. O homem deseja, ou quer, a partir daquilo que ele é, de sua própria natureza. Porém, essa concepção de liberdade da vontade, para os espiritualistas, apresenta o problema de que o homem é o causador do mal, e ele assim o é pela sua própria natureza. Como o homem seria uma criação de Deus, Deus é que teria dado ao homem uma natureza que seria a responsável pelo mal praticado. Então, indiretamente, Deus seria o autor do mal, ao dar ao homem uma natureza que é a causa de sua vontade.

Assim, os espiritualistas ficam diante de um impasse: Deus teria criado o mal ou o homem teria um livre-arbítrio como uma vontade absolutamente livre, inexplicável e misteriosa.

Para os materialistas, que não cremos na existência de Deus, não há dificuldade alguma. A liberdade da vontade não é absoluta. É o que chamamos de espontaneidade do querer. Que respeita o princípio de causalidade e, assim, pode ser explicada e compreendida. O mal moral existe e é uma criação do homem.

ANA
Ufa!! E agora, como os espíritas devem encarar o impasse? Estou ansiosa para saber *se* e *como* Kardec poderia responder a esse problema da origem do mal moral.

PAULO
Isso que foi dito pelo Max reforça a minha dúvida. Por que Kardec ficou com a concepção de liberdade da vontade dos materialistas?

RENÊ

De início, vou tentar explicar a primeira questão proposta pelo Paulo. Quais outras justificativas, além do uso do princípio de causalidade, poderíamos ter para afirmar que o conceito de livre-arbítrio, utilizado por Kardec, é o conceito explicado acima de espontaneidade de querer?

Penso que se pode apresentar duas justificativas.

A primeira se apoia numa pergunta de *O Livro dos Espíritos* que já abordamos anteriormente, o item 118, que afirma que *os Espíritos jamais retrogradam,* ou seja, de bons não podem tornar-se maus, nem de sábios, ignorantes.

Se o livre-arbítrio fosse absoluto, um Espírito bom, ou mesmo um Espírito perfeito, poderia fazer uma escolha má, uma vez que suas escolhas não dependeriam de sua natureza moral. O livre-arbítrio absoluto é coerente com a queda do Espírito; a espontaneidade do querer, não. Aqueles que defendem a tese dos chamados *anjos decaídos* estão supondo uma vontade absolutamente livre e que não é causada pela natureza moral do anjo. Neste caso, não valeria o princípio da não-retrogradação da alma.

Se a vontade é um efeito da natureza moral da alma, como propõe Kardec, não pode haver queda do Espírito. Uma natureza boa só poderá fazer boas escolhas, pois seus desejos são apenas desejos do bem. Não existiriam, assim, anjos decaídos. Vale o princípio da não-retrogradação da alma.

A segunda justificativa se encontra no item 122, da mesma obra citada. Lá os Espíritos afirmam:

> "O livre-arbítrio se desenvolve à medida que
>
> o Espírito adquire a consciência de si mesmo"

ESPÍRITO E MATÉRIA

Ora, se o livre-arbítrio se desenvolve é porque ele não é absoluto. O que é absoluto já está sempre pronto, não se modifica. Em sua origem, o Espírito não foi criado por Deus com o livre-arbítrio já completamente desenvolvido, absoluto. Aos poucos, à medida que ele vai aprendendo e adquirindo experiência, é que aprende a escolher. Na origem, ao ser criado por Deus, o Espírito não possuía livre-arbítrio, pois foi criado simples e ignorante. Seu livre-arbítrio só surgiria com o desenvolvimento da sua natureza moral.

Observemos que há uma coerência entre os diversos conceitos que fazem parte da obra de Kardec. O princípio da não retrogradação da alma é coerente com o conceito de livre-arbítrio relativo, como espontaneidade do querer, que também é consistente com o princípio de causalidade e, além disso, com a natureza indestrutível da alma.

Agora, quanto à segunda questão do Paulo e ao impasse colocado pelo Max, a resposta de Kardec e dos Espíritos pode ser deduzida do conjunto dos conhecimentos que já tratamos: o princípio de causalidade deve ser respeitado; Deus é soberanamente justo e bom; o livre-arbítrio não é absoluto e os Espíritos foram criados simples e ignorantes.

A resposta ao impasse é muito parecida com a resposta dos materialistas: *o livre-arbítrio não é absoluto e o mal moral é uma criação dos Espíritos Imperfeitos, não de Deus.*

A dificuldade só surgiu para os espiritualistas, não espíritas, porque eles colocaram a alma do homem sendo criada por Deus aqui na terra quando o homem nasce. Se Deus cria a alma pronta no momento que o homem nasce, o mal moral seria resultado daquilo que Deus colocou na alma ou do livre-arbítrio desta alma, que teria que ser absoluto para salvar Deus, surgindo, assim, o impasse proposto pelo Max.

Na visão espírita, o Espírito em sua origem era simples e ignorante e sem capacidade de fazer escolhas, sem livre-arbítrio. À medida em que ele foi aprendendo e adquirindo experiências em diversas vidas é que o livre-arbítrio foi se desenvolvendo. No início, ele não era bom nem mau, sua natureza moral era neutra. Somente depois de aprender a fazer escolhas é que ele foi utilizando a sua liberdade para escolher o bem ou o mal. Os Espíritos se tornaram bons ou maus ao longo do tempo, por suas próprias escolhas.

Alguns escolheram o caminho do mal e se tornaram Espíritos Imperfeitos, da Escala Espírita. Outros, escolheram o caminho do bem e se tornaram Espíritos Bons, da Escala Espírita.

Vejamos como Kardec aborda o assunto em *O Livro dos Espíritos:*

> 121. *Por que é que alguns Espíritos seguiram o caminho do bem e outros o do mal?*
>
>> "Não têm eles o livre-arbítrio? Deus não criou Espíritos maus; criou-os simples e ignorantes, isto é, tendo tanta aptidão para o bem quanta para o mal. Os que são maus, assim se tornaram por vontade própria."

Para deixar claro que os argumentos que estou apresentando refletem o pensamento de Kardec e não apenas o meu, vejamos o que Kardec explica sobre o percurso dos Espíritos em suas primeiras encarnações:

"Ignoramos absolutamente em que condições se dão as primeiras encarnações da alma, porque é um dos princípios das coisas que estão nos segredos de Deus. Apenas sabemos que são criadas simples e ignorantes, tendo todas, assim, o mesmo ponto de partida, o que é conforme à justiça. O que também sabemos é que o livre-arbítrio só se desenvolve pouco a pouco, e após numerosas evoluções na vida corpórea. Não é, pois, nem após a primeira, nem após a segunda encarnação que a alma tem consciência bastante nítida de si mesma para ser responsável por seus atos. Pode ser que só aconteça após a centésima ou talvez após a milésima. Dá-se o mesmo com a criança, que não goza da plenitude de suas faculdades nem um nem dois dias após o nascimento, mas depois de anos. Além disto, quando a alma goza do livre-arbítrio, a responsabilidade cresce em razão do desenvolvimento de sua inteligência. É assim, por exemplo, que um selvagem que come os seus semelhantes é menos castigado que o homem civilizado que comete uma simples injustiça. Sem dúvida os nossos selvagens estão muito atrasados em relação a nós, contudo, já estão bem longe de seu ponto de partida."[32]

Conforme observei antes, a resposta ao impasse é semelhante, em alguns aspectos, à resposta dos materialistas. No texto de Kardec que acabamos de ler, o processo de adquirir o livre-arbítrio, e como consequência a responsabilidade pelas escolhas, se desenvolve no Espírito de forma análoga ao que os materialistas atribuem para as nossas crianças. A diferença fundamental é que o Espírito começou muito tempo antes de ocupar o corpo das nossas crianças. Nossas crianças são Espíritos que já viveram muitas vidas anteriores.

ANA
Renê, se entendi corretamente as suas explicações, podemos também afirmar que, embora similar à resposta materialista, a resposta espírita teria algumas diferenças fundamentais, além daquelas que você citou.

---

32 Revista Espírita 1864, Janeiro. Questões e problemas: Progresso nas primeiras encarnações.

ESPÍRITO E MATÉRIA

Como o Max observou, para os materialistas a vontade humana depende da mudança tanto da natureza física do homem, as alterações no seu corpo e seu cérebro, quanto da mudança na sua natureza moral, pela aquisição de conhecimentos e experiências.

No caso da resposta espírita isso é diferente, pois não há mudança na natureza "física" da alma. Porque tal alteração violaria o princípio de não-retrogradação da alma, conforme vimos antes. A alma tem uma natureza "física" incorruptível, não muda jamais. Assim, os desejos da alma e, portanto, a sua vontade, só dependeriam das mudanças na natureza moral da alma, ao longo de suas diversas existências, com as experiências e conhecimentos adquiridos.

RENÊ
Muito bem, Ana. Seus argumentos estão corretos.

PAULO
Renê, você disse uma frase que me chamou a atenção. Falou que alguns Espíritos seguiram o caminho do mal e **se tornaram Espíritos Imperfeitos,** da Escala Espírita, e que outros escolheram o caminho do bem e se tornaram Espíritos Bons, da Escala Espírita. Que os Espíritos, pelo uso da vontade, evoluem e se tornam Espíritos bons, estou de acordo. Mas, a imperfeição não seria uma escolha deles. Para mim, Deus criou os Espíritos imperfeitos, não foram os próprios Espíritos que se tornaram imperfeitos por escolha de sua vontade.

RENÊ
Paulo, foi por isso que utilizei a expressão "Espíritos Imperfeitos, da *Escala Espírita*". O termo Escala Espírita é essencial na minha frase citada por você.

Para responder à sua dúvida, teremos que aprofundar o tema sobre a Escala Espírita. Vamos fazer isso amanhã cedo. Ok? Precisamos terminar por hoje. Já está muito tarde. O relógio nos convida ao repouso. Retornaremos amanhã, pela manhã.

Uma boa noite para todos!

QUARTO
diálogo

4

QUARTO DIÁLOGO

Após o café da manhã.

RENÊ

Bom dia a todos! Ficamos ontem à noite com a dúvida do Paulo sobre a Escala Espírita. Proponho que estudemos esse tema muito importante da obra de Kardec.

A Escala Espírita é a classificação dos Espíritos apresentada a partir do item 100, da obra *O Livro dos Espíritos*. Kardec e os Espíritos fizeram essa classificação para indicar os degraus que os Espíritos devem percorrer até atingirem a perfeição. Como afirmou Kardec, *as classes são caracterizadas pela progressão dos sentimentos morais e das ideias intelectuais.*[33]

A importância...

---

[33] Instruções práticas sobre as manifestações espíritas, Vocabulário Espírita, Escala Espírita.

ANA

Renê, desculpe-me, mas estou incomodada. Se a Escala Espírita é uma classificação dos Espíritos, não dos espíritas, por que o uso da palavra *Espírita* no nome da Escala? Não ficaria melhor usar a expressão *Escala dos Espíritos*. Para mim, os espíritas são aqueles que adotam ou seguem o Espiritismo.

RENÊ

Ana, a palavra *espírita* foi utilizada por Kardec em três sentidos[34]: no sentido de *"o que tem relação com o Espiritismo"*; no sentido de *"os adeptos do Espiritismo"*; e, também, no sentido de *"aquele que crê nas manifestações dos Espíritos"*.

Com o significado de *"os adeptos do Espiritismo"*, Kardec havia utilizado o termo *espiritista*. Mas, como ele mesmo afirma[35], essa palavra *espiritista,* embora etimologicamente adequada, acabou não sendo consagrada pelo uso, prevalecendo o termo *espírita.*

Assim, respondendo à sua pergunta, a palavra *espírita* é utilizada na Escala Espírita para se referir à escala de classificação dos Espíritos adotada pelo Espiritismo. Ou seja, uma escala que tem relação com o Espiritismo ou que diz respeito aos Espíritos. Esse sentido para a palavra *espírita* é análogo ao sentido de algumas expressões usadas por Kardec em todas as suas obras, tais como: "mundo

---

34 O Livro dos Médiuns, cap. XXXII, Vocabulário Espírita.

35 Ibidem, Vocabulário Espírita.

espírita" ou "fenômenos espíritas".

Podemos continuar?

Eu dizia que a importância dessa Escala Espírita para a doutrina espírita mereceu o seguinte comentário do Espírito Sócrates, ao falar do quadro de classificação dos diversos tipos de mediunidade e médiuns:

"Este quadro é de grande importância, não só para os médiuns sinceros que, lendo-o, procurarem de boa-fé preservar-se dos escolhos a que estão expostos, mas também para todos os que se servem dos médiuns, porque lhes dará a medida do que podem racionalmente esperar. Ele deverá estar constantemente sob as vistas de todo aquele que se ocupa de manifestações, do mesmo modo que a *escala espírita,* a que serve de complemento. **Esses dois quadros reúnem todos os princípios da Doutrina e contribuirão, mais do que o supondes, para reconduzir o Espiritismo em sua verdadeira via."** (SÓCRATES.)[36]

Espero conseguir demonstrar o porquê desta importância e, assim, justificar esses comentários

---

36 O Livro dos Médiuns, cap. XVI, 197, grifos nossos.

ESPÍRITO E MATÉRIA

de Sócrates, em especial, a parte que destacamos na comunicação deste Espírito Superior, de que a Escala Espírita e o quadro dos médiuns reúnem todos os princípios do Espiritismo.

O que é essa Escala Espírita? Nada melhor do que estudarmos o próprio texto de Allan Kardec. Vamos então mergulhar naquilo que ele nos apresenta em *O Livro dos Espíritos*, a partir do ítem 100.

Ele começa o item 100 apresentando o critério geral a ser utilizado para fazer a classificação: a "classificação dos Espíritos se baseia no grau de adiantamento deles, nas qualidades que já adquiriram e nas imperfeições de que ainda terão de despojar-se." Assim, a classificação será realizada a partir das características principais da natureza moral dos Espíritos, seus sentimentos, pensamentos e desejos, ou suas conquistas intelecto-morais.

Como explicaremos, duas características morais serão as mais importantes para a classificação: as influências da matéria sobre o espírito e os desejos do Espírito.

Como toda classificação, Kardec afirma que essa escala nada tem de absoluta. Que "apenas no seu conjunto cada categoria apresenta caráter definido. De um grau a outro a transição é insensível, nos limites os matizes se apagam, como nos reinos da Natureza, como nas cores do arco-íris, ou, também, como nos diferentes períodos da vida do homem."

Esse caráter definido de cada categoria ocorrerá apenas, como veremos, naquilo que Kardec denomina de *divisões* ou *ordens,* categorias em que serão agrupadas as classes. Assim, nenhum Espírito poderá ter características de mais de uma ordem. Ou seja, qualquer Espírito só pertencerá a uma única ordem. A ordem apresenta caracteres bem delimitados. Mas dentro de uma mesma ordem, um Espírito poderá ter características de mais do que uma classe. As classes, dentro de cada ordem, apresentam os principais matizes do conjunto ou ordem.

As ordens, divisões ou categorias são as seguintes: *Espíritos Imperfeitos,* terceira ordem; *Espíritos Bons,* segunda ordem; e *Espíritos Puros* ou *Perfeitos,* primeira ordem. As características gerais e que delimitam essas três ordens são:

> "Os Espíritos, em geral, admitem três categorias principais, ou três grandes divisões. Na última, a que fica na parte inferior da escala, estão os Espíritos imperfeitos, caracterizados pela **predominância da matéria sobre o espírito e pela propensão para o mal.** Os da segunda se caracterizam pela **predominância do espírito sobre a matéria e pelo desejo do bem:** são os Espíritos bons. A primeira, finalmente, compreende os Espíritos puros, os que atingiram **o grau supremo de perfeição."**

Para entendermos com mais profundidade essas características das ordens precisamos examiná-las mais

ESPÍRITO E MATÉRIA

de perto. Cada uma dessas três ordens será aprofundada por Kardec dos itens 101, 107 e 112. Inicialmente, vamos estudar a terceira ordem, a dos Espíritos Imperfeitos.

Suas características gerais são:

> "101. *Características gerais.* – **Predominância da matéria sobre o espírito. Propensão para o mal.** Ignorância, orgulho, egoísmo e todas as paixões que lhes são consequentes."

PAULO

Espera um pouco! Aí está a origem da minha dúvida. Como os Espíritos Imperfeitos podem ter a "propensão para o mal"? Se os Espíritos foram, na sua origem, criados imperfeitos por Deus, Ele é que seria o responsável por essa propensão ao mal. Isso, parece, não faz sentido algum, como já discutimos anteriormente, pois entraria em contradição com os atributos de Deus.

RENÊ

Você está certo quanto ao fato de que Deus não poderia criar os Espíritos com essa propensão ao mal. Ele criou os Espíritos simples e ignorantes, isto é, sem saber, nem propensos ao bem, nem ao mal.

O problema está no uso da palavra "imperfeito". Kardec usa o termo na Escala Espírita para designar uma certa classe de Espíritos. Costumo dizer que a expressão *Espíritos Imperfeitos* deve ser interpretada como um substantivo, um nome de uma classe de Espíritos. Não devemos ler o termo *imperfeito* como um adjetivo para a palavra *Espírito*. Se os termos *imperfeito* e *perfeito*, utilizados na Escala Espírita, fossem adjetivos, com a palavra *imperfeito* significando *não perfeito*, a Escala Espírita só deveria ter duas ordens: Espíritos Imperfeitos e Espíritos Perfeitos. Pois, o que não é perfeito seria imperfeito. Ou seja, todos os Espíritos caberiam dentro de apenas duas ordens: os Espíritos não-perfeitos (imperfeitos) e os perfeitos.

Entretanto, Kardec preferiu não utilizar a palavra *imperfeito* como adjetivo, e, assim, a Escala Espírita apresenta as três ordens citadas.

Não usar a palavra *imperfeito* como adjetivo foi uma opção mais sábia. Dizer que Deus criou os Espíritos não-perfeitos, ou imperfeitos, poderia ser mal compreendido. Poderíamos ser levados a pensar que Deus criou os Espíritos com algum defeito, ou com alguma falta. O que faltaria ao Espírito no momento em que foi criado? Uma falta só se torna real, quando imaginamos uma outra realidade melhor. O imperfeito só existe na nossa imaginação de outra coisa, não existe na realidade. Que outra realidade existiria?

Deus, na sua perfeição absoluta, nada criou com defeito. É por isso que o filósofo Espinosa afirmou com propriedade: "Por realidade e por perfeição entendo a mesma coisa[37]". Tudo que é real é perfeito. Nada falta, nenhum defeito apresenta. Mas, e a dor, a doença, o

---

37 Espinosa, Ética, II, def. 6.

tumor, etc.? Responde um filósofo, seguindo Espinosa: "O tumor que mata, não mata por ser imperfeito; mata por ser perfeitamente tumor e perfeitamente mortal"[38]

Talvez por isso, Kardec e os Espíritos Superiores preferiram dizer que "Deus criou todos os Espíritos simples e ignorantes, isto é, sem saber."[39] Nunca disseram que os Espíritos foram criados imperfeitos, isto é, com algum defeito ou falta.

ANA

Ufa!! Deu nó na minha cabeça. Tenho na minha casa uma estatueta que quebrou a mão esquerda. Ela está imperfeita, com defeito, falta a mão esquerda que desapareceu. A estatueta é real e é imperfeita. Onde estou errada?

MAX

Ana, o que falta à sua estatueta para existir? Nada. Ela existe como uma perfeita estatueta quebrada.

ANA

Para mim, ela existe, mas tem esse defeito da mão que falta.

MAX

Sim, você disse corretamente: **"Para mim,** ela existe, mas tem esse defeito da mão que falta."

---

38 André Comte-Sponville, Dicionário Filosófico.

39 O Livro dos Espíritos, item 115.

Para você ela é imperfeita. A imperfeição dela só existe quando você imagina uma outra estatueta sem a mão quebrada. Suponha que uma outra pessoa esteja procurando uma estatueta sem a mão esquerda e similar à sua. Para essa pessoa, provavelmente, sua estatueta não seria imperfeita. Nada faltaria nela. Nenhum defeito ela teria. Seria exatamente aquilo que ela desejava ou imaginava.

Como se pode notar, você está usando a palavra *imperfeito* num outro sentido, diferente do sentido usado pelo Renê. Você quer dizer que algo é imperfeito quando tem um defeito ou falta em relação a uma outra coisa, para alguém que imagina ou desejaria essa outra coisa. Ou seja, essa imperfeição, defeito ou falta em alguma coisa, é subjetiva, só existe para um sujeito que imagina ou deseja uma outra coisa. Não é uma imperfeição real, objetiva, que existiria na própria coisa.

A realidade é diferente. Nada falta ao real. Ele é o que é. Assim, tudo o que existe é perfeito. Por isso, para Espinosa realidade e perfeição são a mesma coisa.

Concordo com o Renê quando disse que não seria adequado dizer que Deus criou os Espíritos imperfeitos, isto é, com defeito ou falta. Pois, se a imperfeição, quando existe, só existe subjetivamente, para quem estaria faltando alguma coisa? Em relação a qual imaginação, a qual sujeito, a falta ou o defeito existiriam nos Espíritos em sua origem? Só restaria a imaginação de Deus, se assim se pode dizer, pois Ele não consultou a ninguém sobre como deveria fazer alguma coisa. Além disso, se Ele pudesse desejar ou imaginar algo diferente do que criou (ou, melhor do que criou), não seria Deus. Nada do que Deus imagina poderia ter defeito ou falta. Nada do que Deus deseja pode ser diferente do que Ele faz. Assim, só temos uma resposta possível: tudo que Deus criou é perfeito, supondo que Ele existe e que é o ser supremo, a absoluta perfeição.

PAULO

Ainda estou incomodado. Entendi que não devo dizer que os Espíritos foram criados imperfeitos por Deus.

Do ponto de vista moral, os Espíritos precisam evoluir para chegar ao estado de Espíritos Puros ou Perfeitos. Eles não foram criados perfeitos do ponto de vista do progresso intelecto-moral. O progresso moral deve ser por eles conquistados.

Poderíamos, então, dizer que os Espíritos foram criados imperfeitos, por que falta a eles o progresso intelecto-moral? Esse progresso não é algo que está faltando neles na sua origem?

RENÊ

Você está dando um bom exemplo de que devemos prestar mais atenção no pensamento do que nas palavras. As ideias valem mais do que as palavras. Claro que você pode utilizar as palavras *imperfeito* e *perfeito* dessa forma que está propondo. Não há significado único ou absoluto para nenhuma palavra.

QUARTO DIÁLOGO

Entretanto, observe que, mesmo neste caso do progresso intelecto-moral, os Espíritos foram criados por Deus com a perfeita capacidade de aprender e progredir, de acordo com a própria vontade. Nada falta ao Espírito para que ele possa aprender e progredir. Não há nele nenhum defeito que o impeça, ou apenas o dificulte, de aprender e de conquistar todos os valores intelecto-morais que caracterizam os Espírito Puros ou Perfeitos da Escala Espírita.

Todos os Espíritos, sem exceção, foram criados com todos os recursos necessários e suficientes para o seu progresso intelecto moral. A todos são oferecidas as mesmas oportunidades de crescimento moral. Nenhum privilégio, nenhuma concessão injusta. Cada um pode progredir no ritmo de sua própria vontade. A todos Deus deu o mesmo ponto de partida, e todos irão atingir o topo da Escala Espírita. Todos têm uma vida infinita à disposição, pois a alma é imortal. *No entanto, quis Deus, na sua infinita sabedoria, que o progresso intelecto-moral fosse uma conquista da própria alma, um prêmio, não uma doação.*

Mesmo assim, você ainda poderia perguntar: Por que Deus não nos fez perfeitos do ponto de vista do progresso intelecto-moral? Por que já não fomos criados como Espíritos Puros ou Perfeitos da Escala Espírita?

Vale a pena meditarmos na resposta que deram os Espíritos a uma pergunta análoga, de *O Livro dos Espíritos:*

> 119. *Não podia Deus isentar os Espíritos das provas que lhes cumpre sofrer para chegarem à primeira ordem?* "Se Deus os houvesse criado perfeitos,

ESPÍRITO E MATÉRIA

nenhum mérito teriam para gozar dos benefícios dessa perfeição. Onde estaria o merecimento sem a luta? Ademais, a desigualdade entre eles existente é necessária à sua personalidade. Acresce ainda que as missões que desempenham nos diferentes graus da escala estão nos desígnios da Providência, para a harmonia do Universo."

Essa resposta é bastante profunda e esclarecedora.

Primeiro, os Espíritos levantam a questão do merecimento. Fruto do esforço, do uso da vontade e do livre-arbítrio de cada um. Nada mais justo e estimulante que os que aprendem e progridem rapidamente mais cedo alcancem a felicidade plena. Saber que se poderá chegar no topo da escala, como resultado do próprio esforço, já é, em si mesmo, motivo de alegria e satisfação.

Segundo, uma questão simplesmente lógica: Se todos os Espíritos fossem por Deus criados prontos, acabados do ponto de vista intelecto-moral, todos seriam iguais. Não haveria diferenças intelecto-morais entre eles ao serem criados. Porque se existissem diferenças entre eles, essas diferenças seriam dadas por Deus, sem levar em conta o merecimento dos próprios Espíritos. Deus seria injusto.

Assim, temos o impasse: Deus é injusto ou todos os Espíritos teriam que ser criados iguais quanto ao progresso intelecto-moral. Claro que não dá para admitir um Deus injusto. Logo, teríamos que aceitar que todos os Espíritos seriam criados iguais em perfeição intelecto-moral. Mas, isso também não é a melhor opção. Nossa razão consegue pensar numa saída melhor:

> *"Deus é justo e, por isso, fomos criados iguais, porém, simples e ignorantes, e o nosso progresso intelecto-moral é o resultado de nossa própria vontade".*

Terceiro, para todos os Espíritos, nos diversos estágios de sua evolução, há atividades a realizar que contribuem para o funcionamento do Universo e para próprio progresso deles. Assim, mesmo antes de atingir a perfeição moral o Espírito é sempre útil e indispensável. Tudo se liga, tudo se encadeia neste Universo sabiamente criado por Deus.

ANA

Entendi a diferença entre esses dois conceitos de imperfeição, a relativa ao sujeito, e a imperfeição absoluta ou real. Mas ainda tenho uma dúvida. Se em sua origem os Espíritos não são imperfeitos, mas simples e ignorantes, como fica o processo evolutivo deles na Escala Espírita? A Escala Espírita não estabelece degraus de progresso, partindo desde a origem do Espírito até que este atinja o último grau da Escala, se tornando Espírito Puro ou Perfeito? No meu entendimento os Espíritos começariam na terceira ordem, evoluem para a segunda e depois para a primeira ordem. Não seria assim?

ESPÍRITO E MATÉRIA

RENÊ

Não é assim, Ana. Vejamos como se dá o processo evolutivo dos Espíritos, desde sua origem, como simples e ignorantes, até seguirem as ordens da Escala Espírita.

Na sua origem, os Espíritos não são Espíritos Imperfeitos, nem no sentido da Escala Espírita, nem no sentido de não-perfeito, com algum defeito ou falta.

Os Espíritos foram criados simples e ignorantes, tendo igual aptidão para o bem e para o mal. Ao longo do tempo, os Espíritos vão aprendendo, adquirindo experiência e conquistando o livre-arbítrio. Somente depois de um longo tempo é que estão aptos para fazer suas escolhas e, assim, escolherem o caminho a seguir.

Uns escolhem o caminho do bem e são classificados como *Espíritos Bons,* da Escala Espírita. Estes são aqueles que seguiram em linha reta. Não tendo que passar pelas expiações, apenas pelas provas das vidas corporais. Só depois de passarem por essas provas é que atingirão o estado dos *Espíritos Puros ou Perfeitos,* deixando a segunda ordem e chegando na primeira.

Outros, escolhem o caminho do mal e são chamados de *Espíritos Imperfeitos,* da Escala Espírita. Desviando do caminho reto. Entrando nos processos de expiação pelo mal praticado. Suas existências corporais são, ao mesmo tempo, expiações do passado e provas para o futuro. Eles também progridem, passando para a segunda ordem e depois para a primeira. Kardec explica de forma clara todo esse processo evolutivo desde a origem:

"Os Espíritos que desde o princípio seguem o caminho do bem nem por isso são Espíritos perfeitos. Não têm, é certo, maus pendores, mas precisam adquirir a experiência e os conhecimentos indispensáveis para alcançar a perfeição. Podemos compará-los a crianças que, seja qual for a bondade de seus instintos naturais, necessitam de se desenvolver e esclarecer, e que não passam, sem transição, da infância à madureza. Simplesmente, assim como há homens que são bons e outros que são maus desde a infância, também há Espíritos que são bons ou maus desde a origem, com a diferença capital de que a criança tem instintos já inteiramente formados, enquanto que o Espírito, ao formar-se, não é nem bom, nem mau; tem todas as tendências e toma uma ou outra direção, por efeito do seu livre-arbítrio. [40]

---

40 O Livro dos Espíritos, item 127.

Assim, todos os Espíritos atingirão a primeira ordem, a ordem dos *Espíritos Puros ou Perfeitos*. Alguns seguem mais rápido, não passando pela terceira ordem, indo direto para a segunda. Outros demoram mais ou menos tempo na terceira ordem e depois seguem para a segunda e desta para a primeira.

Podemos resumir esse processo evolutivo dos Espíritos pelo seguinte esquema:

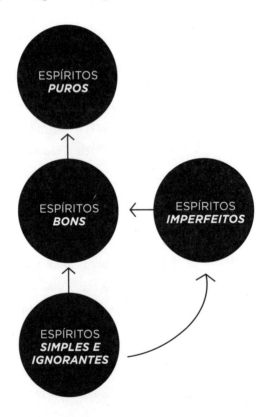

No esquema, os Espíritos que seguem em linha reta são aqueles que evoluíram de *Espíritos Simples e Ignorantes* para *Espíritos Bons,* prosseguindo no seu processo evolutivo até atingirem a primeira ordem: *Espíritos Puros ou Perfeitos.*

O desvio da linha reta, representa aqueles Espíritos que evoluíram do estado de *Espíritos simples e ignorantes* para a terceira ordem, a ordem dos *Espíritos Imperfeitos.* Depois do desvio, eles podem retornar para o caminho reto, o do bem, evoluindo para a segunda ordem, *Espíritos Bons,* e depois avançado para o estado de *Espíritos Puros ou Perfeitos.*

Esse esquema da evolução dos Espíritos desde a sua origem nos ajuda a entender o texto magnífico do Espírito de Verdade, quando nos disse:[41]

> "5. Venho, como outrora, entre os filhos transviados de Israel, trazer a verdade e dissipar as trevas. Escutai-me...
>
> Mas os homens ingratos se desviaram do caminho reto e largo que conduz ao reino de meu Pai e enveredaram pelas ásperas sendas da impiedade."

Os "filhos transviados de Israel", esses homens que se desviaram do caminho reto e largo que os conduziria rapidamente ao reino de Deus ou ao estado de Espíritos Puros, são os Espíritos Imperfeitos. Ao desviarem do caminho reto, enveredaram "pelas ásperas

---

41 O Evangelho Segundo o Espiritismo, cap. VI, Item 5, Advento do Espírito de Verdade.

ESPÍRITO E MATÉRIA

sendas da impiedade", que é o caminho das expiações, resultado do descumprimento das leis de Deus. Por isso a expressão "sendas da impiedade": o caminho seguido por aqueles que não tem devoção a Deus. O desvio escolhido é um percurso mais difícil, demorado e com muitas dores e sofrimentos: "ali haverá prantos e ranger de dentes"[42].

ANA
Agora entendi o processo evolutivo dos Espíritos. Gostaria que você explicasse o que devemos entender pela expressão "predominância da matéria sobre o espírito", que foi usada nas características gerais dos Espíritos Imperfeitos.

RENÊ
Boa lembrança! Antes vamos apresentar as características gerais dos Espíritos Bons para fazermos uma explicação comparativa entre elas.

As características gerais dos Espíritos Bons foram propostas por Kardec no item 107:

> "107. *Características gerais.* – **Predominância do espírito sobre a matéria; desejo do bem.** Suas qualidades e poderes para o bem estão em relação com o grau de adiantamento que hajam alcançado; uns têm a ciência, outros a sabedoria e a bondade."

Conforme havia dito no começo, duas características são as mais importantes: *predominância*

---

42 Mateus, 22:13.

do espírito sobre a matéria e desejo do bem. Inicialmente, comparemos com as características correspondentes dos Espíritos Imperfeitos: *predominância da matéria sobre o espírito e propensão para o mal.*

Moralmente falando, a influência da matéria sobre o Espírito se caracteriza, desde Descartes, por meio das chamadas *paixões da alma.* As paixões são as emoções causadas pela influência da matéria sobre o espírito.

Como qualquer sentimento ou pensamento, as emoções ocorrem na alma. Fazem parte do mundo interior da alma. As paixões são aquelas emoções que são mantidas e sustentadas na alma por influência da matéria. Não são causadas apenas pela alma, dependem, também, dessa influência material. A palavra *paixão* expressa o caráter passivo dessa emoção. A paixão acontece na alma, independente da vontade. Por isso, a alma não consegue mudá-la, de forma rápida e direta, apenas com a vontade. Se você está com raiva, porque foi agredido, experimente deixar de sentir essa raiva simplesmente querendo deixar de senti-la! Precisamos de um certo tempo para que a vontade possa alterar uma paixão. A alma, com uma vontade firme, precisa fazer uso de alguns recursos da razão, do pensamento e da imaginação, para que a paixão que esteja sentindo seja primeiramente controlada e depois alterada. Só assim, e depois de um certo tempo de esforço, o Espírito imperfeito, consegue mudar sua raiva para alguma outra paixão, como a indignação, por exemplo.

ESPÍRITO E MATÉRIA

A *predominância da matéria sobre o espírito* faz com que os *Espíritos Imperfeitos* sintam as paixões más: inveja, ciúme, raiva, tristeza, ódio, etc., como consequência da influência da matéria. Influência que eles não conseguem evitar ou dominar. Como resultado, apresentam essa *"propensão para o mal"*. Essas emoções ruins, e o seu desejo do mal, são as principais causas de sua infelicidade.

Diferentemente, os *Espíritos Bons* são felizes. Eles dominam a influência da matéria, não sentindo nenhuma paixão má. Não sentem ciúme, mágoa, raiva, ódio, tristeza, etc. Só cultivam as paixões boas, os bons sentimentos de amor e alegria. Jamais sentem nenhuma emoção ruim. Por isso, são caracterizados pela *"predominância do espírito sobre a matéria"* e pelo *"desejo do bem"*.

PAULO

E com os *Espíritos Puros ou Perfeitos,* o que acontece com a influência da matéria sobre eles? Certamente, no mínimo, dominam essa influência da matéria e só sentem as paixões boas. Não é isso?

RENÊ

Muito mais do que isso. Se o salto evolutivo dos Espíritos Imperfeitos para os Bons já é grande, pelas diferenças nas paixões que sentem, na passagem de Espíritos Bons para Puros o salto ainda é maior. Vejamos suas características gerais, item 112:

> "112. *Características gerais.* – Nenhuma influência
> da matéria. Superioridade intelectual e moral absoluta,
> com relação aos Espíritos das outras ordens."

ANA

Agora complicou. Que história é essa de não sofrer nenhuma influência da matéria? O que isso significa? Já vimos que o espírito é alguma coisa, não é uma ideia, ou algo abstrato. Ele foi mesmo definido como uma certa "matéria quintessenciada". Como pode o Espírito Puro, que é espírito, não sofrer nenhuma influência da matéria, nem mesmo de uma matéria mais sutil?

RENÊ

Muito bem, Ana! Fico feliz ao perceber que você lembrou bem das nossas discussões do início desse nosso encontro.

A resposta é simples: se trata da influência moral. O *Espírito Puro* não sofre nenhuma influência no seu mundo moral, de nenhum tipo de matéria. Por isso se pode dizer que o *Espírito Puro* não sofre nenhuma paixão, nem mesmo as chamadas *paixões boas.*

Do ponto de vista material, não mais moral, é claro que sendo o espírito alguma coisa, os Espíritos Puros devem atuar sobre algum tipo de matéria muito mais sutil e totalmente sem analogia com a nossa matéria grosseira. Veja o que Kardec nos explica:

> "Mas, dir-se-á, desde que pelo perispírito
> é que as sensações agradáveis, da mesma
> forma que as desagradáveis, se transmitem

ESPÍRITO E MATÉRIA

ao Espírito, sendo o Espírito puro inacessível a umas, deve sê-lo igualmente às outras. Assim é, de fato, com relação às que provêm unicamente da influência da matéria que conhecemos. *O som dos nossos instrumentos, o perfume das nossas flores nenhuma impressão lhe causam.* Entretanto, ele experimenta sensações íntimas, de um encanto indefinível, das quais ideia alguma podemos formar, porque, a esse respeito, somos quais cegos de nascença diante da luz."

ANA

Não contive a curiosidade e fui ler mais adiante na obra que estamos estudando, *O Livro dos Espíritos*. Destaquei uma parte, dentro do tema que estamos abordando, que me deixou uma dúvida. Se vocês me permitem, vou ler a passagem, item 113. Ao falar sobre os Espíritos Puros, Kardec afirma:

"Os Espíritos que a compõem percorreram todos os graus da escala e se despojaram de todas as impurezas da matéria. Tendo alcançado a soma de perfeição de que é suscetível a criatura, não têm mais que sofrer provas, nem expiações. **Não estando mais sujeitos à reencarnação** em corpos perecíveis, realizam a vida eterna no seio de Deus."

Que história é essa de que os Espíritos puros não estão sujeitos à reencarnação em corpos perecíveis? Jesus não é um Espírito Puro? Jesus não teria reencarnado num corpo físico? Teve, então, Jesus um corpo fluídico?

RENÊ

Não é bem assim. Aqui enfrentamos de novo o problema dos significados das palavras.

A palavra "reencarnação" não é usada por Kardec no sentido etimológico do termo. Que significa algo como "a ação de entrar de novo na carne". *Reencarnar,* se adotarmos o significado usado por Kardec, não significa apenas entrar mais de uma vez num corpo físico material. *Reencarnar* significa "encarnar de novo numa vida de provas ou expiações". Assim, os Espíritos Puros ou Perfeitos nunca *reencarnam,* apenas *encarnam,* pois, como você acabou de ler no item 113, eles não têm mais que sofrer provas, nem expiações.

Podemos dizer que toda reencarnação é uma encarnação. Mas, nem toda encarnação é uma reencarnação. Um Espírito Puro pode encarnar várias vezes em mundos corporais, desempenho missões especiais. Porém, nenhuma dessas encarnações seria chamada por Kardec de reencarnação.

Jesus encarnou na Terra e era um Espírito Puro, conforme nos informa Kardec, na passagem seguinte, ao falar da natureza de Jesus:

> "Como homem, tinha a **organização dos seres carnais;** porém, como **Espírito puro,** desprendido da matéria, havia de viver mais da

ESPÍRITO E MATÉRIA

vida espiritual, do que da vida corporal, de cujas fraquezas não era passível. A sua superioridade com relação aos homens não derivava das qualidades particulares do seu corpo, mas das do seu Espírito, que dominava de modo absoluto a matéria e da do seu perispírito, tirado da parte mais quintessenciada dos fluidos terrestres."[43]

PAULO

Agora é comigo. Você acabou de mostrar que Jesus é um Espírito Puro. Como os Espíritos Puros não sofrem nenhuma paixão? Não se descreve, no Novo Testamento, *as paixões sofridas por Jesus?* Ele não disse "Pai, por que me desamparaste?"[44], como narra o evangelista Mateus?

RENÊ

Não vamos entrar aqui na análise dos textos evangélicos. Pois não é o nosso objetivo.

O que podemos concluir, a partir de todos os princípios fundamentais do Espiritismo e de suas consequências lógicas, é que um Espírito Puro não sente nenhuma paixão, nem mesmo as boas, pois, como Kardec nos argumenta, ele não sofre nenhuma influência da matéria.

Suas emoções são de uma pureza que estão muito além das emoções que sentimos. Seu amor, sua alegria

43 A Gênese, cap. XV, Superioridade da natureza de Jesus, item 2.

44 Mateus, 27:46.

permanente, não tem as mesmas características do nosso amor e da nossa alegria. Nossos sentimentos, nossas emoções ainda carregam os efeitos da influência da matéria. Somos, como lemos anteriormente no texto de Kardec, *quais cegos de nascença diante da luz*. Jesus, como Espírito Puro, é a representação dessa luz que almejamos. Quando lá chegarmos, sentiremos os mesmos sentimentos que ele. Ate lá, só conseguimos, palidamente, imaginar e raciocinar sobre esses sentimentos mais puros e sublimes.

Podemos dizer, também, que se aceitarmos o Espiritismo como uma genuína ciência da alma, devemos interpretar os textos evangélicos de forma a não entrar em contradições com os princípios fundamentais estabelecidos por Kardec e pelos Espíritos Superiores. Assim, será preciso interpretar as passagens evangélicas mantendo como verdade que Jesus é um Espírito Puro e, portanto, não sentiu, nem sente, nenhuma das nossas chamadas paixões, nem mesmo as boas.

Para mantermos a coerência entre os diversos princípios espíritas, esse é o caminho mais lógico. Aí está uma estratégia muito importante para se estudar qualquer ciência ou filosofia, buscar a coerência entre todos os princípios que foram estabelecidos dentro da ciência em estudo. Kardec e os Espíritos foram muito esclarecedores para não deixar margem às interpretações contraditórias.

Nosso tempo acabou. Agora precisamos almoçar. Após o almoço, e a sesta dos filósofos, retornaremos.

QUINTO
diálogo

5

QUINTO DIÁLOGO

Após o almoço.

RENÊ

Conforme vimos hoje, pela manhã, é fundamental buscarmos a coerência interna entre os diversos princípios dentro de uma ciência ou filosofia.

Kardec nos apresenta um exemplo disso ao tratar dos atributos da divindade. Ao propor que esses atributos podem ser usados como um critério para a escolha entre propostas ou doutrinas filosóficas, morais ou religiosas.

Vamos lembrar rapidamente quais são esses atributos da divindade:

> "Deus é eterno. É imutável. É imaterial. É único. É onipotente. É soberanamente justo e bom."[45]

---

45 O Livro dos Espíritos, item 13.

ESPÍRITO E MATÉRIA

Esses atributos constituem, para Kardec, um critério infalível para apreciarmos uma doutrina filosófica ou religiosa. Nas suas palavras:

> *"Toda teoria, todo princípio, todo dogma, toda crença, toda prática que estiver em contradição com um só que seja desses atributos, que tenda não tanto a anulá-lo, mas simplesmente a diminuí-lo, não pode estar com a verdade."*[46]

Um exemplo de como aplicar esse critério, encontramos na análise das doutrinas espiritualistas que propõem a tortura física, ou algum tipo de inferno, lugares de sofrimentos físicos, materiais, para as almas após a morte do corpo. Como conciliar o atributo de soberana justiça e bondade com a existência de torturas físicas após a morte? Suponhamos que um homem tenha cometido crimes na Terra, seria justo torturá-lo na vida espiritual?

Considere ainda o que nos afirmam os Espíritos sobre o castigo, dizendo que este "só tem por fim a reabilitação, a redenção"[47]. Como conciliar esta afirmativa com as propostas de torturas físicas aos Espíritos pecadores?

---

46 A Gênese, os milagres e as predições segundo o Espiritismo, capítulo II, Deus, item 19.

47 O Livro dos Espíritos, item 1009.

Os homens aprenderam, ao longo de nossa história de lutas e sofrimentos, que as torturas físicas não são nem justas, nem educativas. Nossas leis modernas, pelo menos nos países democráticos de hoje, proíbem qualquer forma de tortura aos nossos criminosos. Por que Deus, soberana justiça e bondade, os trataria com mais maldade do que o faríamos na Terra? Nossa justiça seria mais justa e mais bondosa que a de Deus?

MAX
Esse seu argumento é semelhante ao proposto, na filosofia, pelo eminente matemático e filósofo inglês Bertrand Russell. Para ele, aqueles que propõem torturas físicas para as almas pecadoras após a morte, deveriam defender, também, as torturas físicas para os nossos criminosos na Terra. Além de se mostrarem coerentes com suas crenças sobre a vida futura, seria uma forma de treinar os pecadores, psicologicamente, para aquilo que sofreriam depois da morte. Se nós, homens, não pregamos, nem permitimos, as torturas aos nossos criminosos na vida atual, por que aceitaríamos passivamente que as suas almas fossem torturadas após a morte? Qualquer alma bondosa, nessa hipotética vida espiritual, deveria combater essa conduta monstruosa. Caso contrário, o que significaria a sua bondade?

PAULO
Fiquei imaginando como seria para um Espírito, que tenha sido uma alma boa na Terra, a visão da dor e do sofrimento físico de uma alma querida sua, por exemplo de um filho seu

ESPÍRITO E MATÉRIA

que tenha cometido crimes na Terra. Ficaria simplesmente observando o seu ente querido sofrer ao ser torturado? Aceitaria, passivamente, o fato, com o argumento de que seria da vontade de Deus? Não creio.

ANA

Eu não ficaria de braços cruzados, não. Se um filho meu tivesse sido um criminoso na Terra, e eu estivesse no mundo espiritual quando de sua morte, não permitiria que ninguém o torturasse fisicamente. Ainda mais sabendo que a tortura física de nada serviria para a sua mudança moral. Produziria nele mais revolta contra Deus e contra as suas leis.

RENÊ

Vocês chegaram ao âmago do problema. Podemos ainda acrescentar que segundo a doutrina espírita, cada um de nós tem um anjo guardião, ou um Espírito bom, que zela por nós, nessa e na outra vida. Como justificaríamos o comportamento passivo do anjo guardião diante de uma tortura física? Que o criminoso possa sofrer as consequências de seu crime na vida espiritual e em outras vidas corporais, isso é justo e recomendável, senão como distinguir a virtude do vício? Mas, a forma de pagar ou de reparar a sua conduta equivocada não poderia ser cruel e inútil. De que serviria sofrer fisicamente, pura e simplesmente? Nenhuma dor física na vida espiritual teria o papel de reabilitação, de redenção, muito menos ainda o de reparação do mal praticado. Só produziriam mais sentimentos de revolta, de ódio e de descrença na bondade de Deus.

As dores e sofrimentos suportados pelos Espíritos que praticaram o mal na Terra são, após a morte, apenas de natureza moral, psicológica. São castigos morais, consequências naturais de sua conduta equivocada, que tem por fim despertá-los para o desejo do bem. Decepção, remorso, solidão, tristeza, vazio d'alma, etc., dores morais muito mais adequadas para uma reforma interior, que é o que se esperaria de uma verdadeira justiça divina.

Cabe também observar que essas dores e sofrimentos morais não são menos doloridas que as dores físicas, pelo contrário. É o que lemos em *O Livro dos Espíritos:*

> 255. Quando um Espírito diz que sofre, de que natureza é seu sofrimento?
>
>> "Angústias morais, que o torturam mais dolorosamente do que os sofrimentos físicos."

Ninguém pense que não sofrerá, após a morte, pelo mal que tenha praticado na Terra. *A justiça divina se faz sempre.* "A cada um segundo as suas obras", já nos disse Jesus.

A questão que se trata não é da existência ou da não existência do sofrimento na vida espiritual, mas da existência de alguma forma de dor física, material.

Resumindo, existe, na vida espiritual dor, sofrimento para o Espírito que praticou o mal na Terra, mas essa dor não é de natureza física, material, é apenas de natureza moral, psicológica. Só desta forma podemos conciliar o atributo de Deus, de soberana justiça e bondade, com a realidade das dores e sofrimentos morais dos Espíritos após a morte do corpo.

Com isso, temos um exemplo simples, mas ilustrativo, de como se pode utilizar os atributos de Deus para se saber quais doutrinas filosóficas ou religiosas podem ou não podem ser verdadeiras.

MAX
Há, além dos argumentos morais que foram apresentados, um argumento "físico", consequência daquilo que já discutimos anteriormente. Segundo o Espiritismo, conforme o Renê apresentou, e como consequência do princípio da não retrogradação da alma, já discutido, o Espírito, ou o perispírito, não tem uma estrutura física com órgãos que poderiam ficar doentes ou ser torturados. Se não há um corpo espiritual análogo ao corpo físico, não faz sentido propor doenças ou torturas físicas.

ANA
Mas, ainda vejo um problema com esse argumento físico, o perispírito é um corpo fluídico, portanto é um tipo de matéria. Sendo matéria, não poderia causar algum tipo de sofrimento físico ao Espírito?

RENÊ
Você está certa quanto ao perispírito ser algum tipo de matéria. Mas, o que se quis dizer foi que ele não tem uma estrutura orgânica que poderia sofrer dores e

sofrimentos físicos análogos ao que acontece com o corpo material na Terra.

Veja o que nos disse Kardec, em *O Livro dos Espíritos:*

253. Os Espíritos experimentam as nossas necessidades e sofrimentos físicos?

"Eles os conhecem, porque os sofreram; não os experimentam, porém, materialmente, como vós outros: são Espíritos."

Sendo material o perispírito, ele produz limitações nas faculdades e nas ações do Espírito. Assim, temos exemplos nas obras de Kardec de como as qualidades dos fluidos do perispírito, qualidades dadas pela natureza moral da alma, podem interferir nas percepções e nas ações do Espírito.

Um exemplo notável das limitações nas faculdades da alma, em suas percepções e ações, é apresentado na Revista Espírita. Vejamos como São Luis, Espírito, descreve os sofrimentos de um Espírito que produzia efeitos físicos numa pequena casa perto de *Castelnaudary:*[48]

"14.— Esse Espírito é sofredor e infeliz. Podeis descrever o gênero de sofrimento

---

48 Revista Espírita, Fevereiro de 1860, História de um danado.

> que experimenta? — Ele está persuadido de que terá de ficar eternamente na situação em que se encontra. Vê-se constantemente no momento em que praticou o crime: qualquer outra lembrança lhe foi apagada e qualquer comunicação com um outro Espírito foi interdita; na Terra só pode estar naquela casa, e quando no espaço, nas trevas e na solidão."

Observe que, embora não tenha dores e sofrimento físicos, ele, que foi um criminoso na Terra, sofre limitações em suas faculdades perceptivas e na sua capacidade de interagir com outros Espíritos. Que sofrimento terrível! Que solidão! Preso mentalmente a uma única casa na Terra, e sem poder ver ou interagir com nenhum outro Espírito.

PAULO
Acabei de ler o contexto completo do caso que você citou. O Espírito deste criminoso, de nome Charles, assassinou o irmão, por ciúme de uma mulher, que se tornaria a sua esposa, e a quem mataria mais tarde, motivado pelo ciúme e pelo interesse de ficar com o dinheiro dela. Fiquei impressionado como ele conseguiu matar friamente o próprio irmão e a esposa. Como o ser humano, às vezes, perde totalmente o controle de suas paixões!

ANA
Também fiquei chocada. Revendo aqui as minhas anotações, vi que o Renê havia apresentado, quando Max falava anteriormente sobre as diferenças entre desejo e

vontade, duas questões que se relacionavam com o desejo e com o controle das paixões.

Renê, o que você acha de tratarmos disso agora, aproveitando o exemplo de descontrole das paixões do caso deste Espírito, Charles?

PAULO

Eu anotei aqui essas duas questões, se vocês me permitem vou apresentá-las de novo. Por que Allan Kardec e os Espíritos usaram o conceito de desejo do bem para caracterizar os Espíritos Bons, na Escala Espírita? Por que os Espíritos disseram a Kardec, no item, 909 de O Livro dos Espíritos, que o que falta, ao homem, para vencer as suas más inclinações é a vontade?

RENÊ

Bem lembrado! Podemos aproveitar tudo o que foi dito anteriormente para respondê-las. Cabe lembrar, primeiramente, aquilo que o Max havia apresentado sobre o desejo. O desejo é a força que nos move e nos comove. Ele é o efeito daquilo que possuímos no fundo dos nossos corações, dos nossos sentimentos e pensamentos mais profundos. Desejamos a partir daquilo que verdadeiramente somos. Isto significa que se possuirmos apenas sentimentos e pensamentos no bem, nossos desejos serão sempre "desejos do bem". Ora, como o Max bem colocou, se nossa vontade depende de nossos desejos, todo aquele que só deseja o bem, fará apenas o bem, pois sua ação é uma manifestação de sua vontade.

Como vimos, na Escala Espírita,[49] Allan Kardec define os Espíritos bons como aqueles Espíritos que desejam apenas o bem. O desejo do bem é aquilo que os caracteriza. Assim, os Espíritos Bons da Escala Espírita só praticam o bem, sempre que a oportunidade surge. Nunca fazem o mal, pois nenhuma vontade de fazer o mal podem ter.

PAULO

Mas, se eles, os Espíritos Bons, fazem apenas o bem, por que não se poderia definir os Espíritos bons como aqueles que praticam o bem? Não ficaria mais simples defini-los pela prática do bem e não pelo desejo do bem? Evitando assim o uso do termo *desejo,* que parece exigir maiores explicações.

MAX

Não ficaria correta essa sua sugestão, se o que se pretendeu dizer foi que os Espíritos Bons somente fazem o bem, nunca o mal. Ora, se um indivíduo tiver desejos bons e maus, o que eu acredito ser o caso de todos os seres humanos normais, ele poderia praticar o bem como resultado de um desejo mau. Basta você lembrar que é possível fazer o bem, motivados pelo egoísmo, pelo interesse pessoal, pela ganância, etc. Nem todos os que fazem o bem, o fazem movidos por bons sentimentos ou desejos. Podemos praticar o bem, para ganhar alguma coisa de nosso interesse pessoal, movidos pelo egoísmo e não por um sentimento de amor ao próximo.

---

49 O Livro dos Espíritos, item 100.

RENÊ

Cabe acrescentar que o uso do termo *desejo* nos permite entender melhor a intenção por trás da proposta de Kardec. O desejo é o reflexo do mundo interior, não depende de nossas ações. Avaliar uma ação como uma ação no bem, não é suficiente para conhecermos o mundo interior da alma que praticou essa ação. O que Kardec está propondo é que são as qualidades intrínsecas à natureza moral da alma as únicas que devem definir o seu progresso moral. Esse mundo interior da alma não pode ser falseado, já as ações, podem. Podemos enganar a alguém, quanto aos nossos reais sentimentos e desejos, quando praticamos o bem. Mas, o que verdadeiramente importa na Escala Espírita são os nossos mais secretos sentimentos, pensamentos e desejos, esses não podemos falseá-los.

É o que somos, verdadeiramente, que conta, não o que aparentamos ser com nossas ações.

ANA

Fiquei com uma dúvida na resposta do Max, por que você disse, ao falar dos desejos bons e maus: "eu acredito ser o caso de todos os seres humanos normais"? Max, você não acredita que possam existir seres humanos sem desejos do mal?

MAX

Foi por isso que utilizei o termo *normais*. Penso que não existem seres humanos sem desejo do mal, embora isso seja possível. Não poderia demonstrar logicamente que não há homens que só desejam o bem, mas pergunto:

vocês conhecem ou conheceram alguém que nunca teve algum desejo mal? Claro que isso é apenas um desabafo, motivado pelo conhecimento dos meus próprios sentimentos e desejos, não um argumento.

RENÊ
Entendo o Max. O Espiritismo apresenta uma explicação para o seu desabafo. Sendo a Terra um mundo de provas e expiações, a esmagadora maioria dos Espíritos encarnados são os Espíritos Imperfeitos, que possuem ainda os desejos do mal. São raros, muito raros, os Espíritos bons encarnados. Como eles cultivam, também, a virtude da humildade, suas verdadeiras qualidades morais são apenas de seu próprio conhecimento.

Os Espíritos Superiores afirmaram para Kardec que todos nós, os Espíritos Imperfeitos, temos um Espírito Bom, da Escala Espírita, ligado a nós, o nosso anjo guardião. Portanto, os Espíritos Bons não são raros no Universo.

Para os materialistas, que não acreditam na existência da alma, fica difícil mesmo acreditar que possam existir homens sem o desejo do mal. Para eles, a vida é uma só. Como os seres humanos poderiam aprender a eliminar de si todo e qualquer desejo do mal, num tempo tão curto de uma existência na Terra?

Para o Espiritismo, no entanto, há Espíritos que ao longo de suas existências anteriores atingiram esse estado de Espírito Bom. Isso, certamente, não se dá numa única e curta existência corporal.

PAULO

Quero lembrar que ainda falta responder à segunda pergunta, aquela relativa ao item 909, de O Livro dos Espíritos.

RENÊ

Bem lembrado. Para isso, vamos ler com atenção todo o item citado:

> 909. Poderia sempre o homem, pelos seus esforços, vencer as suas más inclinações?
>
> > "Sim, e por vezes fazendo esforços bem pequenos. O que lhe falta é a vontade. Ah! Quão poucos dentre vós fazem esforços!"

Vejam que o texto é provocante. Primeiramente nos coloca a possibilidade do controle efetivo sobre nós mesmos, de nossas paixões e inclinações.

Lembremos, inicialmente, o que o Max nos disse anteriormente sobre os desejos. A vontade é o desejo que acontece, no momento que acontece. E que não se pode suprimir o desejo, apenas transformá-lo, orientá-lo.

Ora, quando examinamos a nós mesmos, Espíritos Imperfeitos, reconhecemos em nós desejos bons e maus. Como possuímos, também, desejos do bem, não são os desejos do bem que nos estão faltando, para que possamos modificar nossas inclinações. Quando você se pergunta se deseja progredir, avançar no caminho do

ESPÍRITO E MATÉRIA

bem, é muito provável que a sua resposta sincera seja um sim. Temos o desejo do bem, o de vencermos as nossas más paixões e inclinações. O que está nos faltando é a transformação desses bons desejos em ações. Queremos, como desejo, mas na hora de transformarmos esses bons desejos em vontade, fraquejamos.

Nos falta, portanto, vontade firme para transformar nossos desejos do bem, em ações no bem. Claro que o conhecimento espírita acerca da continuidade da vida para além do corpo físico é um elemento a mais, que auxilia a vontade a tomar a decisão certa. Se a vida continua, e seremos na vida futura mais felizes como resultado do nosso progresso moral, temos assim um apoio da razão para a tomada de decisão. Bons argumentos favorecem nossas boas escolhas. No entanto, é sempre bom lembrar que é a vontade que escolhe, não a razão.

MAX

Bem lembrado! A razão pode fornecer recursos para que a vontade faça as escolhas. Mas, a razão não pode substituir o desejo (ou a vontade), e vice-versa. Podemos desejar seguir o que a razão nos apresenta, o que é razoável, mas, também, podemos desejar o contrário. Quantas vezes escolhemos contrariamente ao que a verdade nos sugere! Conhecer a verdade não nos obriga, necessariamente, a querer o bem e a praticá-lo. Nada, nem a verdade, pode nos obrigar a querer, nem querer em nosso lugar. Por isso a importância de mudar nossos desejos, pela firmeza da vontade no bem. *Os fumantes que o digam.* Mesmo sabendo das consequências danosas e dolorosas do hábito de fumar, muitos desejam e continuam fumando.

RENÊ

Max, você me fez lembrar de uma mensagem do Espírito de Verdade, na obra de Kardec, O Evangelho segundo o Espiritismo, quando nos disse: "Espíritas! amai-vos, este o primeiro ensinamento; instruí-vos, este o segundo."[50]

Observe que a recomendação primeira é a mudança do desejo, pela prática do amor. O amor deve ser buscado em primeiro lugar, pois somente mudaremos definitivamente nossos desejos, se cultivarmos os mais nobres sentimentos. Quem ama, verdadeiramente, deseja apenas o bem.

A instrução, como segundo mandamento, deve, também, fazer parte de nossos esforços. Nós, os Espíritos Imperfeitos, ainda necessitamos do apoio da razão, para o conhecimento de nós mesmos e, assim, dominarmos as nossas más inclinações. Precisamos aprender a identificar em nós o egoísmo, o orgulho, a vaidade, o ciúme, a inveja, etc. Com fazer isso sem o conhecimento do que sejam esses vícios e dos meios de combatê-los? A razão, que nos permite a instrução, é o guia mais seguro para vencermos a nós mesmos. A razão ilumina o caminho, mas só a vontade decide segui-lo.

---

50 O Evangelho Segundo o Espiritismo, cap. VI, item 5.

ESPÍRITO E MATÉRIA

PAULO

Vejo em minhas anotações, que junto com essas duas questões sobre as noções de desejo e vontade, há uma pergunta do Renê sobre o conceito de infinito, o item 2, de O Livro dos Espíritos. Que tal eliminarmos essa última pendência?

RENÊ

Bem lembrado. Vejamos na íntegra a questão de número 2 de O Livro dos Espíritos:

> "2. Que se deve entender por infinito?
>
>> "O que não tem começo nem fim; o desconhecido; tudo que é desconhecido é infinito."

ANA

Nossa! Essa questão sempre me deu arrepios. Achei que fosse um problema de tradução. Nunca entendi porque "tudo que é desconhecido é infinito". Para mim, o correto seria dizer que tudo que é desconhecido é indefinido. Já que podemos dizer que para definir precisamos conhecer.

PAULO

Concordo com a Ana. Sempre achei que a resposta deveria ficar restrita à primeira parte. O infinito é aquilo "que não tem começo nem fim". Foi assim que aprendi na escola e no dicionário.

RENÊ

Talvez o Max possa nos ajudar, pois foi ele quem disse que "o pensamento, a imaginação, vagam ao infinito".

MAX

Primeiramente vamos abordar a proposta da Ana, de que o correto seria usar a palavra "indefinido" no lugar de "infinito". Os filósofos costumam propor, desde Aristóteles, dois tipos principais de definição. A *definição real* de um objeto é o enunciado que nos permite conhecer o objeto. A *definição nominal* de um termo é o enunciado que nos dá o conhecimento do seu significado. Em ambos os casos, a definição pressupõe conhecimento daquilo que se está definindo: o conhecimento do objeto ou o do significado do termo. Assim, dizer que "tudo que é desconhecido é indefinido" seria uma afirmação verdadeira, mas óbvia demais. Seria uma trivialidade, o que um bom autor deve evitar ao escrever. Assim, Ana, não acho que ficaria melhor substituir o termo "infinito" por "indefinido".

Uma interpretação possível para a frase apresentada acima pode ser dada se analisarmos o que os lógicos denominam de "extensão e compreensão de um conceito".

A *compreensão* de um conceito é conjunto de qualidades, propriedades, características ou atributos que definem o conceito. Que fazem com que ele seja o que ele é e o distinga dos demais conceitos. Por exemplo, o conceito de *homem* como "animal racional"; de *Espírito*, como "o ser pensante do universo", de *carioca* "como as pessoas nascidas na cidade do Rio de Janeiro", etc. Assim, definir é estabelecer a compreensão de um conceito.

A *extensão* de um conceito é conjunto de seres, de objetos aos quais o conceito se aplica. Assim, a extensão do conceito de homem é o conjunto de todos os seres que

ESPÍRITO E MATÉRIA

sejam ao mesmo tempo animais e racionais. A extensão do conceito de carioca é o conjunto de todos os seres humanos nascidos na cidade do Rio de Janeiro.

É fácil perceber que quanto mais limitada ou pobre for a compreensão de um conceito, tanto mais ampla ou rica será a sua extensão, e vice-versa. Assim, se tomarmos os conceitos "brasileiro" e "carioca", a extensão do conceito "brasileiro" é maior do que a do conceito "carioca". Porque a compreensão de "brasileiro" é mais pobre em características do que a compreensão de "carioca". Todas as características que definem um brasileiro estarão presentes no conjunto das características que definem um carioca. Ou seja, para ser carioca é preciso também ser brasileiro. O conjunto das pessoas que são cariocas será, em número de elementos, menor do que o conjunto das pessoas que são brasileiros. Todo carioca é brasileiro, mas nem todo brasileiro é carioca.

Por isso é que se diz que se diminuirmos a compreensão de um conceito, aumentamos a sua extensão. No limite, se diminuirmos ao máximo a compreensão (ou o tamanho do conjunto de características), aumentaríamos ao infinito a sua extensão. Quanto menos características atribuímos a um conceito, maior o número de objetos que cairão sobre tal conceito. Assim, se desconhecemos as características de um conceito qualquer, podemos, nesse sentido, dizer que a sua extensão é infinita. O desconhecido em compreensão (o equivalente a um número zero de características), seria infinito em extensão.

Talvez essa seja uma forma de interpretar a definição dada acima de que "tudo que é desconhecido é infinito".

ANA

Veja se entendi bem. Suponhamos que eu defino um ser como um "animal". Neste caso, a extensão deste conceito "animal" é o conjunto formado por todos os animais do planeta. Ele terá na sua extensão todos os homens, os cachorros, os cavalos, as formigas, etc. Agora, se acrescento uma nova característica na sua compreensão, por exemplo, "racional", terei uma nova compreensão mais rica: "animal racional". A nova extensão correspondente será mais pobre, pois será formada por todos os seres que são chamados de "animais racionais", ou seja, apenas o conjunto de todos os seres humanos, que é bem menor do que o conjunto de todos os animais. Claro que estou supondo que somente os homens sejam racionais. (O meu cachorrinho, às vezes, parece humano, rss...)

Continuando esse processo de ampliar o número de características ou de enriquecer a compreensão do conceito, por exemplo, acrescentando as características de "brasileiro", "carioca", "do sexo masculino", "de cabelos loiros", a extensão correspondente vai diminuindo a cada novo acréscimo. Inversamente, se diminuo o número de características na compreensão do conceito sua extensão vai aumentando.

MAX

Isso mesmo. Você entendeu corretamente o que eu quis dizer.

RENÊ

Obrigado, Max. Acho que essa pode ser uma forma adequada de compreendermos o item 2, acima. O que parece ser também a interpretação de Kardec, ao explicar esse item 2, na Revista Espírita:

> "Do momento que uma coisa é desconhecida, tem para o pensamento o vago do infinito, senão absoluto, ao menos relativo. Por exemplo, não sabeis o que vos acontecerá amanhã: vosso pensamento erra no infinito; os acontecimentos é que são indefinidos; não sabeis quantas estrelas há: é um número indefinido, mas é também o Infinito para a imaginação."[51]

Resolvida todas as nossas pendências, podemos partir para discutirmos algumas outras questões de O Livro dos Espíritos, que tratam do espírito e da matéria. Vejamos a questão seguinte:

> "21. *A matéria existe desde toda a eternidade, como Deus, ou foi criada por Ele em dado momento?*
> "Só Deus o sabe. Há uma coisa, todavia, que a razão vos deve indicar: é que Deus, modelo de amor e caridade, nunca esteve inativo. Por mais distante que logreis figurar o início de Sua ação, podereis concebê-lo ocioso, um momento que seja?"

---

51 Revista Espírita, Agosto de 1863, Infinito e indefinido.

Vejam...

ANA

Desculpe-me, mas antes de você continuar já fiquei incomodada. Como "'Só Deus o sabe"? Acabamos de discutir o princípio de causalidade e Deus foi definido como a "causa primeira de todas as coisas". Se ele é a causa primeira, não seria óbvio dizer que a matéria foi por ele criada?

PAULO

A Ana tem razão. A matéria não poderia existir desde toda a eternidade como Deus, pois se assim o fosse, ela não seria causada por ele. A alternativa que fica da pergunta parece ser exatamente aquela que a Ana escolheu: Deus é o criador da matéria.

MAX

Não sejamos apressados na resposta. A questão tem uma sutileza que precisa ser examinada. A dificuldade presente na questão está na expressão *desde toda a eternidade*. Alguns filósofos, em especial Santo Agostinho, já haviam enfrentado essa dificuldade. Se afirmarmos simplesmente que Deus criou a matéria em dado momento do tempo, uma pergunta surgirá imediatamente à razão: o que Deus teria feito antes de criar a matéria? Sendo a matéria o princípio de tudo o que existe no Universo, Deus, antes de criar a matéria, teria ficado por toda a eternidade na ociosidade? Se a matéria foi criada em dado instante no tempo e se regredirmos no tempo a partir desse instante da criação, teríamos um Deus sem nada criar por um tempo infinito. Ou seja, Deus depois de ficar por um tempo infinito na ociosidade resolve em um dado momento criar a matéria e, a partir dela, tudo o que existe. Assim, se aplicarmos o princípio de causalidade no tempo teríamos que enfrentar essa pergunta: o que Deus fez antes de criar a matéria?

PAULO
Penso que a resposta à sua questão pode ser simplesmente a seguinte: Antes de criar a matéria, Deus criou os Espíritos ao longo de toda a eternidade. Assim, ele seria a causa primeira do espírito e, depois, da matéria.

RENÊ
Paulo, pense um pouco mais sobre sua proposta. Sendo o espírito alguma coisa, não uma pura ideia, ele, como já discutimos, é como se fosse uma "matéria quintessenciada". Portanto, ainda continua valendo a pergunta que o Max formulou: se Deus criou o princípio de tudo, a matéria, e poderíamos acrescentar também o espírito (matéria quintessenciada), em dado momento do tempo, o que ele teria feito antes? O problema não está no princípio de causalidade, mas no tempo.

MAX
Exatamente. Foi o que o Santo Agostinho, filósofo, tentou resolver com a sua teoria sobre o tempo. O problema estaria na pergunta: o que Deus teria feito antes? Santo Agostinho vai propor uma teoria sobre o tempo em que

a expressão *antes,* não faria sentindo para Deus. Para Deus não haveria o "antes" no tempo. Assim, a pergunta sobre o que teria Deus feito antes estaria mal formulada, pois não havia o "antes". O *antes* e o *depois,* passado e futuro, só teriam existência subjetiva, necessários para o espírito, não para o mundo ou para Deus. O passado seria a lembrança, a memória. O futuro seria a previsão, a espera. Tanto a memória, quanto a espera, só existem no espírito e no presente. É a maneira como a consciência habita o presente, retendo o passado e antecipando o futuro. É o que se chama de *temporalidade,* que não é o tempo real. O tempo real é o tempo da natureza ou de Deus. A temporalidade é o tempo para o espírito ou para a consciência. O tempo real é um perpétuo, embora em permanente mudança, agora. Na natureza, tudo muda, exceto o tempo. É a perduração do presente ou a própria eternidade. Assim, só haveria um tempo real, o aqui e o agora, o eterno presente.

Essa é apenas uma forma como se pode pensar a questão do tempo. Não passa de um ponto de vista, parte de um sistema filosófico. Na sua magnífica obra "As Confissões", Santo Agostinho indaga: "O que é, por conseguinte, o tempo? Se ninguém me perguntar, eu sei; se o quiser explicar a quem me fizer a pergunta, já não sei."[52]

---

52 As Confissões, livro XI.

ESPÍRITO E MATÉRIA

RENÊ

Agora podemos perceber por que a resposta foi "Só Deus o sabe". Nossa razão é insuficiente para responder satisfatoriamente à pergunta.

Essa incapacidade para compreender a criação divina no tempo, na eternidade, pode ser comparada à nossa incapacidade de compreender o próprio Deus. Kardec indaga aos Espíritos:[53]

> 10. Pode o homem compreender a natureza íntima de Deus?
>
> "Não; falta-lhe para isso um sentido."

Esse sentido que falta ao homem, dirá Kardec [54], só poderá ser alcançado com a completa depuração do Espírito. Somente quando atingirmos o estado de Espírito Puro é que seremos capazes de entender Deus e, por conseguinte, a sua criação no tempo. Até lá elaboramos sistemas em cima de sistemas, sem que a nossa razão se dê por satisfeita. Costumo dizer que é melhor adiarmos essa discussão para quando *chegarmos lá.* Foi por isso que os Espíritos disseram a Kardec:[55]

---

53 O Livro dos Espíritos, item 10.

54 A Gênese, cap. II, item 8.

55 O Livro dos Espíritos, item 14.

"Deus existe; disso não podeis duvidar e é o essencial. Crede-me, não vades além. Não vos percais num labirinto donde não lograríeis sair. Isso não vos tornaria melhores, antes um pouco mais orgulhosos, pois que acreditaríeis saber, quando na realidade nada saberíeis. Deixai, conseguintemente, de lado todos esses sistemas; tendes bastantes coisas que vos tocam mais de perto, a começar por vós mesmos. Estudai as vossas próprias imperfeições, a fim de vos libertardes delas, o que será mais útil do que pretenderdes penetrar no que é impenetrável."

Vamos examinar agora um item semelhante a essa questão sobre a origem da matéria, é o seguinte:[56]

37. *O Universo foi criado, ou existe de toda a eternidade, como Deus?*

"É fora de dúvida que ele não pode ter-se feito a si mesmo. E se existisse, como Deus, de toda a eternidade, não seria obra de Deus."

Para não deixar dúvidas quanto à resposta, Kardec comenta:

---

56 O Livro dos Espíritos, item 37.

ESPÍRITO E MATÉRIA

"Diz-nos a razão não ser possível que o Universo se tenha feito a si mesmo e que, não podendo também ser obra do acaso, há de ser obra de Deus."

Vocês conseguem perceber as diferenças e semelhanças?

ANA

Agora fiquei perdida. Para mim a pergunta é a mesma, basta trocar a palavra "matéria", do item 21, por "Universo". A não ser que o Universo não seja o que eu estou pensando, isto é, o conjunto de tudo o que existe. Mas, a resposta é totalmente diferente. Aqui parece ficar claro que o Universo foi criado por Deus em dado momento do tempo.

RENÊ

Ana, sobre o que se deve entender pela palavra "Universo" neste item, Kardec explica: "O Universo abrange a infinidade dos mundos que vemos e dos que não vemos, todos os seres animados e inanimados, todos os astros que se movem no espaço, assim como os fluidos que o enchem."

Assim, o Universo é realmente tudo o que existe, conforme você sugeriu.

PAULO

Se o Universo é tudo o que existe e foi criado por Deus em dado momento, posso fazer a mesma pergunta que o Max propôs para a origem da matéria: O que Deus teria feito antes de criar o Universo? Teria ficado ocioso por toda a eternidade? A reposta dos Espíritos para essa pergunta 37 deveria ter sido a mesma que a do item 21: "Só Deus o sabe". Por que não foi essa a resposta?

RENÊ
Vocês entenderam bem o que eu queria destacar. A pergunta parece a mesma, mas não é. Pois do contrário haveria uma incoerência nas respostas, como vocês perceberam. A solução é simples: o que Deus teria feito antes de criar o Universo? Resposta: outro Universo. E assim sucessivamente ao longo de toda a eternidade. Podemos imaginar que o Universo teve um começo e uma duração no tempo. Um Universo é criado em determinado momento no tempo, evolui e desaparece. Outro Universo é criado, depois desaparece; mais um outro é criado e desaparece, etc., e assim por toda a eternidade. Veja que não há nenhuma contradição com os atributos de Deus ao se propor tal resposta. Se, de fato, é assim mesmo que Deus criou e continua criando, não sabemos. Mas, é logicamente possível que assim possa ser.

Todos os Universos criados podem ser pensados como sendo formados de matéria, ou de matéria e espírito. O problema existe apenas quando estamos falando da matéria, como princípio de tudo o que existe. Não do Universo como *transformações* da matéria. Que a matéria possa ter sido utilizada ao longo de toda a eternidade na criação de tudo o que existe, não gera nenhum conflito com a ideia de um Deus eternamente em atividade.

PAULO

Vejam se entendi. Se os Universos forem transformações da matéria, eles seriam criados a partir de uma matéria já existente. Se a matéria já existe, não haveria problema para Deus produzir, ao longo do tempo, vários universos. Assim, durante toda a eternidade Deus criaria os universos e a pergunta: "O que ele fazia antes?" não geraria nenhuma dificuldade. Bastaria dizer que Deus estaria criando um número infinito de universos durante toda a eternidade. A mesma saída não seria mais possível com a origem da matéria. Pois, nada haveria antes da matéria existir.

RENÊ

Amigos, o tempo acabou. Que pena! Ainda somos escravos do tempo e das necessidades da vida material. Temos que voltar para a rotina diária. Precisamos retornar aos nossos lares. Amanhã recomeçamos mais um dia de atividades profissionais. Assim, vamos encerrar os nossos diálogos.

Só tenho que agradecê-los. Como foram esclarecedores e prazerosos esses momentos de diálogo e convivência amiga! Talvez, por, também, viver momentos especiais como estes que aqui passamos juntos, entre amigos, que o notável filósofo grego Aristóteles tenha proposto esta frase monumental:

"Justos, ainda precisamos da amizade"[57].

E como precisamos!

Até uma outra oportunidade.

---

57 Aristóteles, Ética a Nicômaco.

LIVROS ESPÍRITAS PUBLICADOS

Os livros da Editora **KARDEC Books** *by Nobiltà* procuram explicar o pensamento de Allan Kardec. Para explicar o pensamento de Kardec, os nossos autores fazem uso dos conhecimentos das diversas ciências e da filosofia.

Os Espíritos e os Homens

Autor: Cosme Massi
Tema: Espiritismo, Materialismo e Filosofia Clássica. Diálogos Filosóficos.
Páginas: 156

Os quatro personagens: Renê (estudioso de Kardec), Max (materialista cético), Ana (jornalista humanista) e Paulo (espírita convicto), encontram-se novamente na Estância do Pensar para a continuação dos diálogos filosóficos em torno do pensamento e da obra de Allan Kardec. "O Espiritismo oferece um recurso prático que é muito eficiente para o controle das paixões e, também, para ajudar na prática da resignação. Esse algo é conhecido nas religiões como a prece ou a oração." Cosme Massi

Sabedoria Espírita

Autor: Daniel Araújo Lima
Páginas: 304

Esta obra apresenta a resposta do Espiritismo às três questões fundamentais da Filosofia: O que podemos saber? O que devemos fazer? O que nos é lícito esperar? Quais são, portanto, a TEORIA, a ÉTICA e a SALVAÇÃO que a Doutrina Espírita propõe? Quais são as respostas que o Espiritismo tem a dar a essas três questões propostas por Kant?

www.kardecbooks.com

Kardec para Mulheres

Autor: Rosana Voigt Silveira
Páginas: 376

O que o Espiritismo tem a dizer e a contribuir para o universo feminino. Este livro é uma coletânea dos principais textos e pensamentos de Allan Kardec sobre as Mulheres. Fizemos uma pesquisa profunda e bastante sensível sobre os principais temas relevantes ao belo, complexo e grandioso universo feminino. Nosso objetivo é facilitar a vida cada vez mais atribulada das Mulheres e contribuir para que possam encontrar rapidamente ajuda em Kardec em diversos setores de sua vida prática, emocional e espiritual.

As leis naturais e a verdadeira felicidade

Autor: Cosme Massi
Páginas: 216

Continuando sua série de livros explicativos sobre *O Livro dos Espíritos,* que agora chega, este, à sua terceira parte e aquela ao seu quarto volume, Cosme Massi aborda as **Leis morais.** Mas antes de comentar a obra kardequiana, atividade que desempenha constantemente e com profundidade, o autor nos mostra e demonstra, com técnica, clareza e de forma inédita, alguns importantes princípios filosóficos que giram todos, em torno da **ação humana.** Um deleite para aqueles que buscam respostas para as principais questões da **vida social.**

www.kardecbooks.com

O Evangelho Segundo o Espiritismo

Autor: Allan Kardec
Páginas: 286

Um dos cinco livros que constituem a codificação espírita, conjunto de ensinamentos e revelações transmitidos por Espíritos superiores, organizados e comentados por Allan Kardec. Contém a explicação das máximas morais do Cristo, sua concordância com o espiritismo e aplicação nas diversas situações da vida, valorizando o poder do amai-vos uns aos outros, quando se deixa o amor fraterno guiar a mente, coração, mãos e passos para que tudo se equilibre.

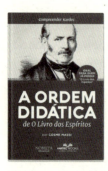

A Ordem Didática de O Livro dos Espíritos

Autor: Cosme Massi
Tema: Espiritismo. Sobre a obra "O Livro dos Espíritos"
Páginas: 184

Trataremos da obra "O Livro dos Espíritos, de Allan Kardec. Nesta terceira edição do livro, Cosme Massi propõe uma ordem didática para os capítulos desse livro de Kardec e analisa a sua Introdução ao estudo da Doutrina Espírita. O livro trata de explicar a ordem das quatro partes e seus respectivos capítulos. São apresentados alguns esquemas e argumentos que justificam a ordem proposta em O Livro dos Espíritos, a principal do Espiritismo; é a partir deste que todas as outras obras de Allan Kardec foram escritas.

www.kardecbooks.com

Coleção Revista Espírita

Autor: Allan Kardec | **Tradutor:** Julio Abreu Filho

A coleção da Revista Espírita é a mais prodigiosa fonte de instruções doutrinárias e informações sobre o Espiritismo. Podemos acompanhar na Revue Spirite o esforço grandioso e minucioso de Kardec na construção da Doutrina Espírita.

1858 - Ano I

1859 - Ano II

1860 - Ano III

1861 - Ano IV

1862 - Ano V

1863 - Ano VI

1864 - Ano VII

1865 - Ano VIII

1866 - Ano IX

1867 - Ano X

1868 - Ano XI

1869 - Ano XII

www.kardecbooks.com

KARDEC ▶ Play

Allan Kardec em vídeo.

É uma plataforma de vídeos com aulas expositivas que explicam com profundidade as obras de **Allan Kardec.** É o Espiritismo explicado passo a passo, com toda a lógica, filosofia e respeito à coerência de seu pensamento. **Estude 24h/dia.**

É o "Netflix" de Kardec

Acesse: www.kardecplay.com

BENEFÍCIOS DO KARDEC Play

- ✓ Pode ser estudado individualmente, em grupos familiares ou grupo de estudos da Casa Espírita

- ✓ Introduz o estudante ao pensamento lógico, às técnicas de interpretação de textos, às filosofias clássica e espírita

CONTEÚDOS DO KARDEC Play
Videoaulas sequenciais e sistematizadas.

Dezenas de vídeos com estudos de *"O Livro dos Espíritos"* e outras obras de Allan Kardec e também sobre Filosofia Espírita. **Confira alguns títulos disponíveis:**

A Ordem Didática Geral
Vol. 1

Introdução ao Estudo da Doutrina Espírita
Vol. 2

Deus
Vol. 3

Elementos Gerais do Universo
Vol. 4

A morte na visão espírita
Parte 1, 2 e 3

A morte segundo o Evangelho de Jesus
Eventos Nacionais

O Livro dos Médiuns
Parte 1, 2 e 3

Obediência e Resignação
Bate-papo

Virtudes: Justiça e Amizade
FILOSOFIA ESPÍRITA

CARIDADE
Benevolência ou Beneficência?
FILOSOFIA ESPÍRITA

O ESPIRITISMO é uma religião?
FILOSOFIA ESPÍRITA

O CÉU E O INFERNO
Esperanças e Consolações
FILOSOFIA ESPÍRITA

- ✓ Auxilia a compreensão das questões mais difíceis de *"O Livro dos Espíritos"*
- ✓ Fornece um ponto de vista diferente para novos *insights* das obras de Allan Kardec
- ✓ Videoaulas legendadas em 4 idiomas: Português, Inglês, Francês e Espanhol

KARDECPEDIA
Allan Kardec em texto.

Todas as obras de Allan Kardec em uma plataforma GRATUITA.

Online e gratuito.
Acesse: www.kardecpedia.com

- ✓ A **KARDECPEDIA** é uma plataforma interativa que facilita o estudo das obras de Allan Kardec
- ✓ Disponível em 4 idiomas
- ✓ Interaja propondo novos relacionamentos entre os iten que compõem cada obra, ou nos envie cópias digitais de livros de Kardec e de outros livros por ele citados

OBRAS DE ALLAN KARDEC

Disponibilizamos as obras originais de **Kardec** e outras obras por ele citadas, além de traduções em diferentes idiomas:

Entre outras obras:

- ✓ Coleção completa da Revista Espírita;
- ✓ Resumo da lei dos Fenômenos Espíritas;
- ✓ O Espiritismo em sua mais simples expressão;
- ✓ Instruções Práticas sobre as Manifestações Espíritas;
- ✓ Obras Póstumas;

 APP GRÁTIS!

Baixe o App da **KARDECPEDIA** no seu celular.

CARO LEITOR

Caso tenha encontrado algum erro, de quaisquer ordem, ou caso queira deixar sua sugestão sobre esta ou outras obras da **Editora KARDEC Books,** favor encaminhar uma mensagem para: contato@nobilta.com.br

Sua crítica é fundamental para o melhor andamento de nossos trabalhos.

Bons estudos,
A Editora.

PROJETOS DO IDEAK:

kardecbooks.com   kardecplay.com   kardecpedia.com   kardec.blog.br

O **IDEAK** é uma Associação Espírita sem fins lucrativos criada com o objetivo de divulgar para o mundo o Espiritismo, segundo o pensamento e as obras de Allan Kardec. Para saber mais, acesse: **www.ideak.com.br**